Dear Callie —

Happy Birthday!

Love

Aunt Kim ~ Uncle Andy

# my first
# spanish
# word
# book

mi primer libro de palabras en español

a bilingual word book

Angela Wilkes
Translated by Daniel Santacruz

DK

# Note to parents and teachers

### Using this book

**My First Spanish Word Book** is an exciting introduction to learning a new language. Featuring over 1,000 color photographs of familiar objects, it has been designed to help children learn everyday words in Spanish. When looking at this book with children who don't speak English, begin by talking about and naming objects in English. Then you can introduce the English words for these things.

For children who can understand English, read the English words together, and then let them listen to you say the Spanish word. After you have repeated it several times, let the child read the word with you, and then alone.

As you look at each page, encourage children who have already begun learning Spanish to tell you any words they already know. Then you can introduce new Spanish vocabulary.

### Spanish words

Let children absorb each word and the article as a whole—"la camisa, el armario, el girasol." This leads to developing a natural feel for which article goes with each word. When children ask about the differences, explain that Spanish words are categorized as being either masculine or feminine. Explain that each of the different pronunciation marks or accents show that the sound of a letter has changed.

### Moving on

If you can, the best way to help children begin to speak Spanish is to use your own spoken Spanish. Even if you are shy about your ability, your encouragement and enthusiasm are very important. A positive attitude is key to learning any foreign language, and this approach will build children's own confidence in speaking and understanding a new language.

# Nota para padres y maestros

### Cómo usar este libro

**Mi Primer Libro de Palabras en Español** es una estimulante introducción al aprendizaje de un nuevo idioma. Con más de 1,000 fotografías a color de objetos familiares, el libro ha sido creado para ayudar a los niños a aprender palabras de uso cotidiano en español. Cuando use este libro con niños que no entienden inglés, empiece por hablar de los objetos y a darles nombres en inglés. A continuación, puede introducir los nombres en inglés de esos objetos.

Con los niños que hablan inglés, lea las palabras en este idioma y luego deje que ellos lo oigan a usted pronunciarlas en español. Después de que usted las haya repetido varias veces, haga que el niño las lea con usted, y luego solo.

En cada página, estimule a los niños que ya han empezado a aprender español para que le digan las palabras que ya saben. Luego puede introducir el nuevo vocabulario en español.

### Las palabras en español

Deje que los niños absorban cada palabra con su respectivo artículo —"la camisa", "el armario", "el girasol." Esto hace que ellos se familiaricen con el artículo que acompaña a cada palabra. Cuando los niños pregunten la diferencia, explíqueles que las palabras en español se clasifican en masculinas y femeninas. Explíqueles también que cada uno de los acentos indica que el sonido de la palabra ha cambiado.

### La clave para aprender

Si es posible, la mejor manera de ayudar a los niños a empezar a hablar español es que usted use su español. Aun si usted duda de su propia habilidad, su estímulo y entusiasmo son muy importantes. Una actitud positiva es la clave para aprender cualquier lenguaje; esto le ayudará a los niños a tener la confianza para hablar y entender un nuevo idioma.

A DK PUBLISHING BOOK
www.dk.com

**Art Editor** Penny Britchfield
**Editors** Monica Byles, Lara Tankel
**Production** Paola Fagherazzi
**Managing Editor** Jane Yorke
**Art Director** Roger Priddy

**Photography** Dave King and Tim Ridley
**Illustrations** Pat Thorne
**Reading Consultants** Daniel Santacruz and Betty Root

First American edition, 1993
This edition published in 1999
10 9 8 7 6 5 4 3 2

Published in the United States
by DK Publishing, Inc., 95 Madison Avenue,
New York, New York 10016

Copyright © 1993, 1999 Dorling Kindersley Limited, London

Photography (dog, pig, piglets, ducks on pages 36-37; pony on page 39; camel, penguin on page 41) copyright © 1991 Philip Dowell. Photography (toad on page 32; lion, crocodile on pages 40-41) copyright © 1990 Jerry Young.

ISBN 1-56458-255-8
Library of Congress Catalog Card Number 92-54500

Color reproduction by Colourscan
Printed in Italy by Graphicom

# Contents

# Contenido

# Todo sobre mí
All about me

## Mi cara
My face

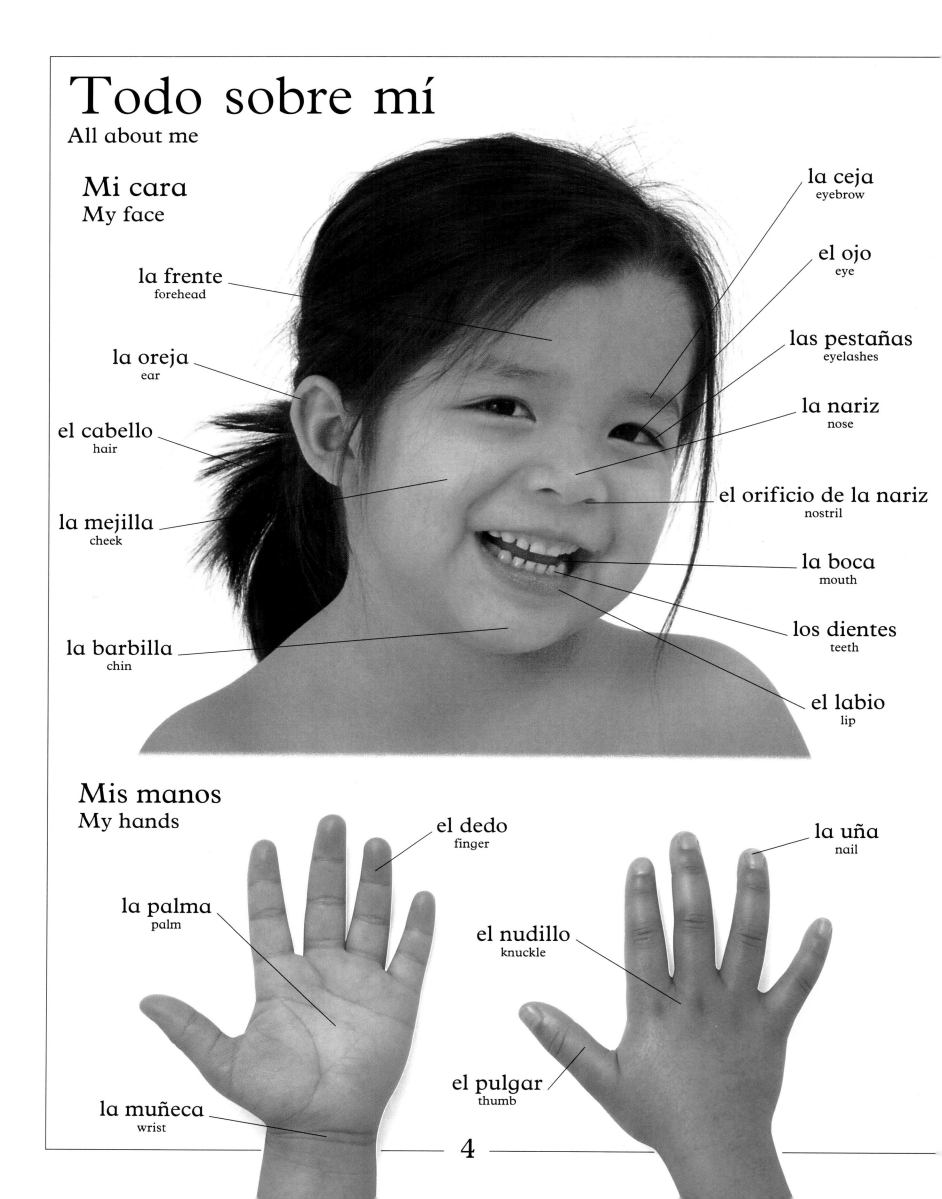

la frente
forehead

la oreja
ear

el cabello
hair

la mejilla
cheek

la barbilla
chin

la ceja
eyebrow

el ojo
eye

las pestañas
eyelashes

la nariz
nose

el orificio de la nariz
nostril

la boca
mouth

los dientes
teeth

el labio
lip

## Mis manos
My hands

el dedo
finger

la uña
nail

la palma
palm

el nudillo
knuckle

el pulgar
thumb

La muñeca
wrist

4

# Mi cuerpo
## My body

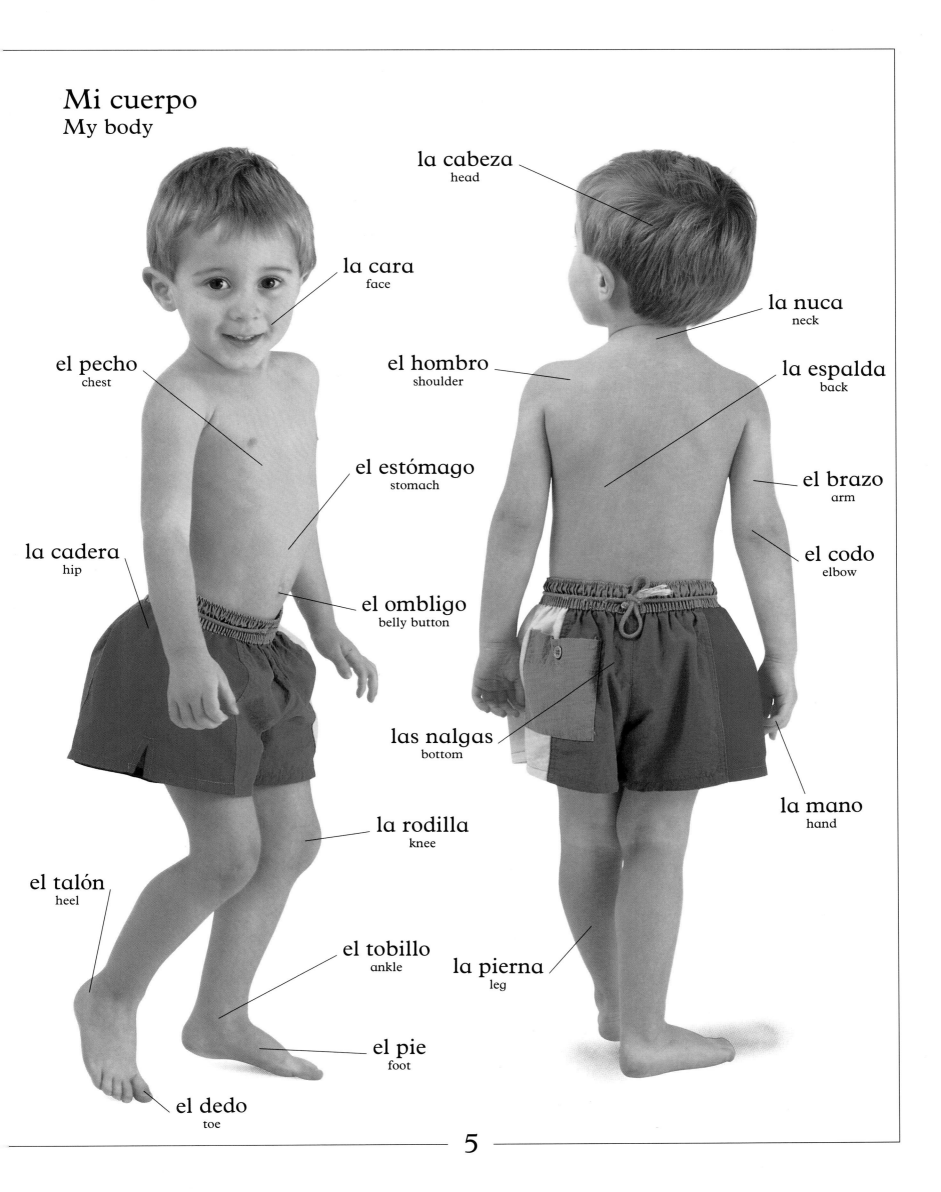

la cabeza
head

la cara
face

la nuca
neck

el pecho
chest

el hombro
shoulder

la espalda
back

el estómago
stomach

el brazo
arm

la cadera
hip

el codo
elbow

el ombligo
belly button

las nalgas
bottom

la mano
hand

la rodilla
knee

el talón
heel

el tobillo
ankle

la pierna
leg

el pie
foot

el dedo
toe

5

# Mi ropa

My clothes

los botones
buttons

la chaqueta
jacket

la hebilla
buckle

el cinturón
belt

el suéter
sweater

los pantalones
pants

los tirantes
suspenders

los vaqueros
jeans

el pantalón con peto
overalls

el sombrero de paja
straw hat

el gorro de lana
wool hat

los calzoncillos
briefs

el pijama
pajamas

la pulsera
beads

la camiseta
T-shirt

los pantalones cortos
shorts

el reloj de mano
watch

las medias
socks

las pantuflas
slippers

los zapatos
shoes

los zapatos de lona
sneakers

las sandalias
sandals

las pantalones interiores
underpants

la franela
undershirt

6

**camisa de entrenamiento**
sweatshirt

**el gancho**
hanger

**las enaguas**
slip

**el abrigo**
coat

**pantalones de entrenamiento**
sweatpants

**la falda**
skirt

**la bufanda**
scarf

**la bata**
bathrobe

**el camisón**
nightgown

**la camisa**
shirt

**el vestido**
dress

**el gorro**
cap

**el traje para
la nieve**
snowsuit

**el impermeable**
raincoat

**los mitones**
mittens

**las botas
de lluvia**
boots

**los guantes**
gloves

**el paraguas**
umbrella

**el suéter**
pullover

**las mallas**
tights

7

# En casa
At home

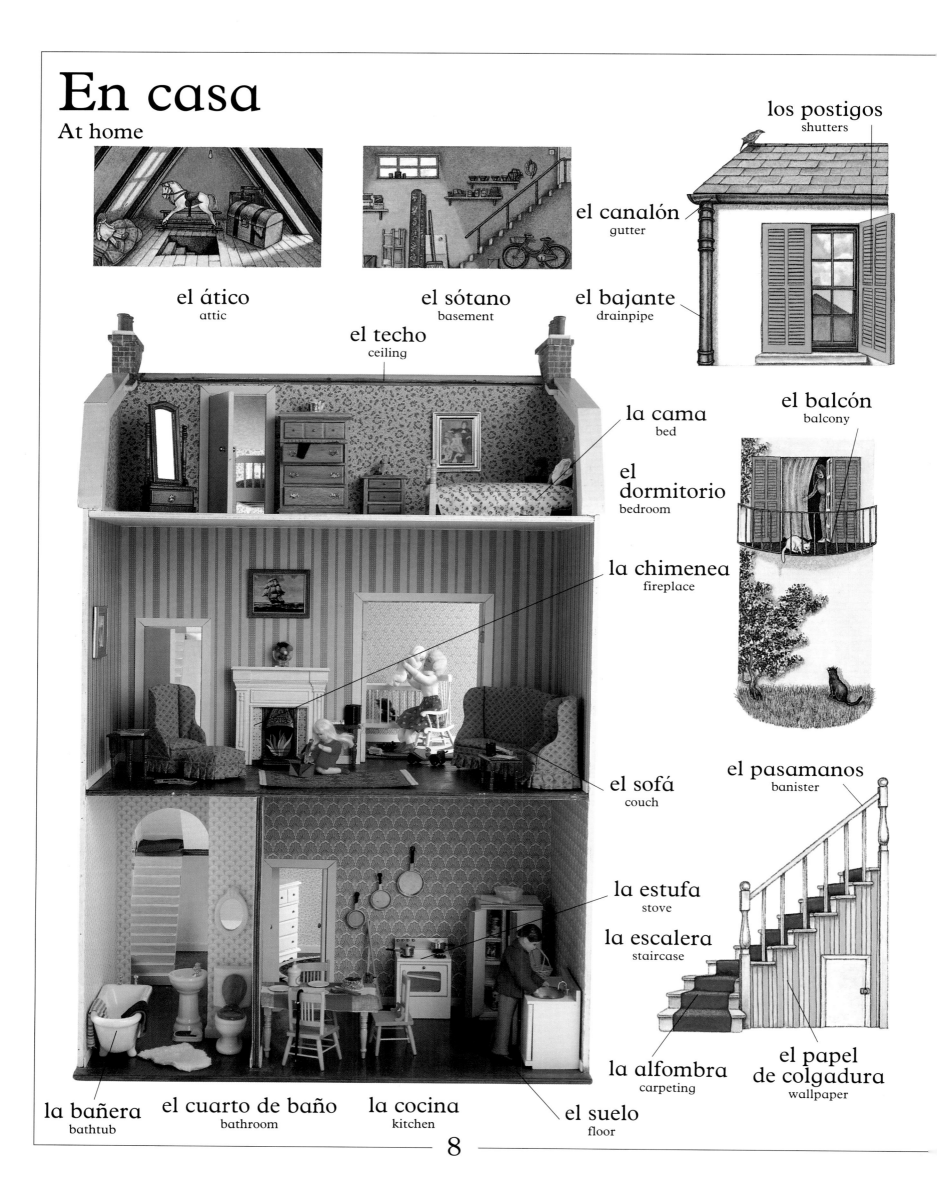

el ático
attic

el sótano
basement

el techo
ceiling

los postigos
shutters

el canalón
gutter

el bajante
drainpipe

el balcón
balcony

la cama
bed

el dormitorio
bedroom

la chimenea
fireplace

el sofá
couch

el pasamanos
banister

la estufa
stove

la escalera
staircase

la alfombra
carpeting

el papel
de colgadura
wallpaper

la bañera
bathtub

el cuarto de baño
bathroom

la cocina
kitchen

el suelo
floor

8

el garaje
garage

el seto
hedge

el camino particular
driveway

el porche
porch

los escalones
steps

la chimenea
chimney

el tejado
roof

la ventana
window

la jardinera
window box

la pared
wall

la puerta principal
front door

los ventanales
windowsill

La familia
A family

el abuelo
grandfather

la abuela
grandmother

el papá
father

la mamá
mother

la hermana
sister

el hermano
brother

el gato
cat

# Por la casa

Around the house

el teléfono
telephone

el secador
hairdryer

el sofá
couch

las cortinas
curtains

el radio
radio

el libro
book

el radiador
radiator

el estéreo personal
personal stereo

el taburete
stool

el cuadro
picture

la aspiradora
vacuum cleaner

la estantería
bookcase

la alfombrilla
doormat

la máquina de coser
sewing machine

el sillón
armchair

el televisor
television

la lámpara
lamp

la colcha
bedspread

la cómoda
dresser

la cama
bed

las llaves
keys

el reloj
clock

la manta
blanket

las vendas elásticas
bandage

la computadora
computer

la almohada
pillow

las vendas adhesivas
adhesive bandages

la medicina
medicine

la mesa
table

el termómetro
thermometer

el cojín
cushion

el armario
closet

la bombilla
light bulb

la silla
chair

11

# En la cocina
In the kitchen

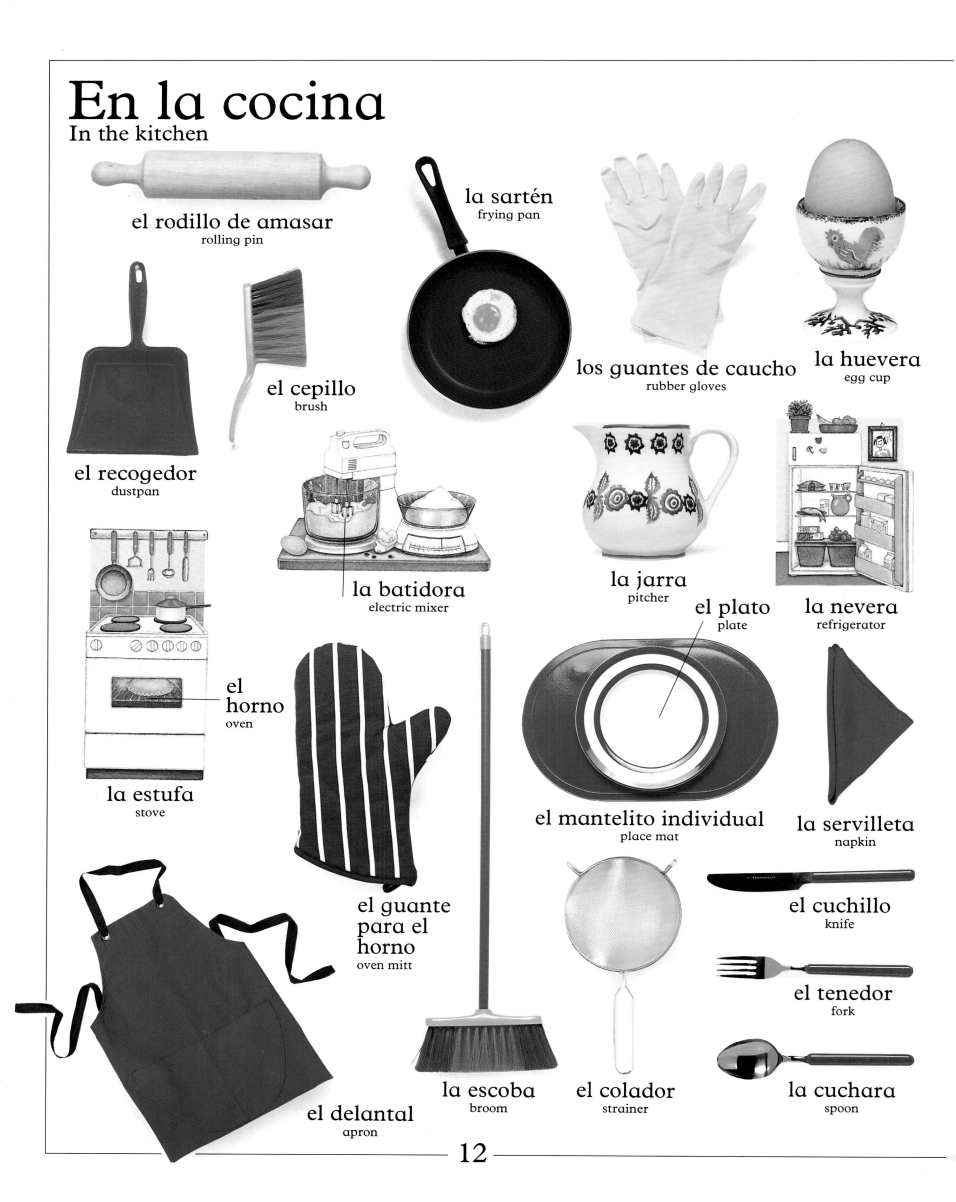

**el rodillo de amasar**
rolling pin

**la sartén**
frying pan

**los guantes de caucho**
rubber gloves

**la huevera**
egg cup

**el cepillo**
brush

**el recogedor**
dustpan

**la batidora**
electric mixer

**la jarra**
pitcher

**el plato**
plate

**la nevera**
refrigerator

**el horno**
oven

**la estufa**
stove

**el mantelito individual**
place mat

**la servilleta**
napkin

**el guante para el horno**
oven mitt

**el cuchillo**
knife

**el tenedor**
fork

**el delantal**
apron

**la escoba**
broom

**el colador**
strainer

**la cuchara**
spoon

la cafetera
kettle

la lavadora
washing machine

el trapeador
mop

el vaso
glass

el tazón
cereal bowl

la taza
cup

el jarro
mug

el escurridor
colander

el platillo
saucer

los fósforos
matches

el fregadero
sink

el molde
cake pan

la tetera
teapot

la olla
saucepan

el escurreplatos
dish drainer

el cubo
de basuro
garbage can

el aparador
cupboard

los moldes
para galletas
cookie cutters

la mesa de planchar
ironing board

el cuenco
mixing bowl

la silla alta
high chair

la plancha
iron

13

# Cosas para comer y beber

Things to eat and drink

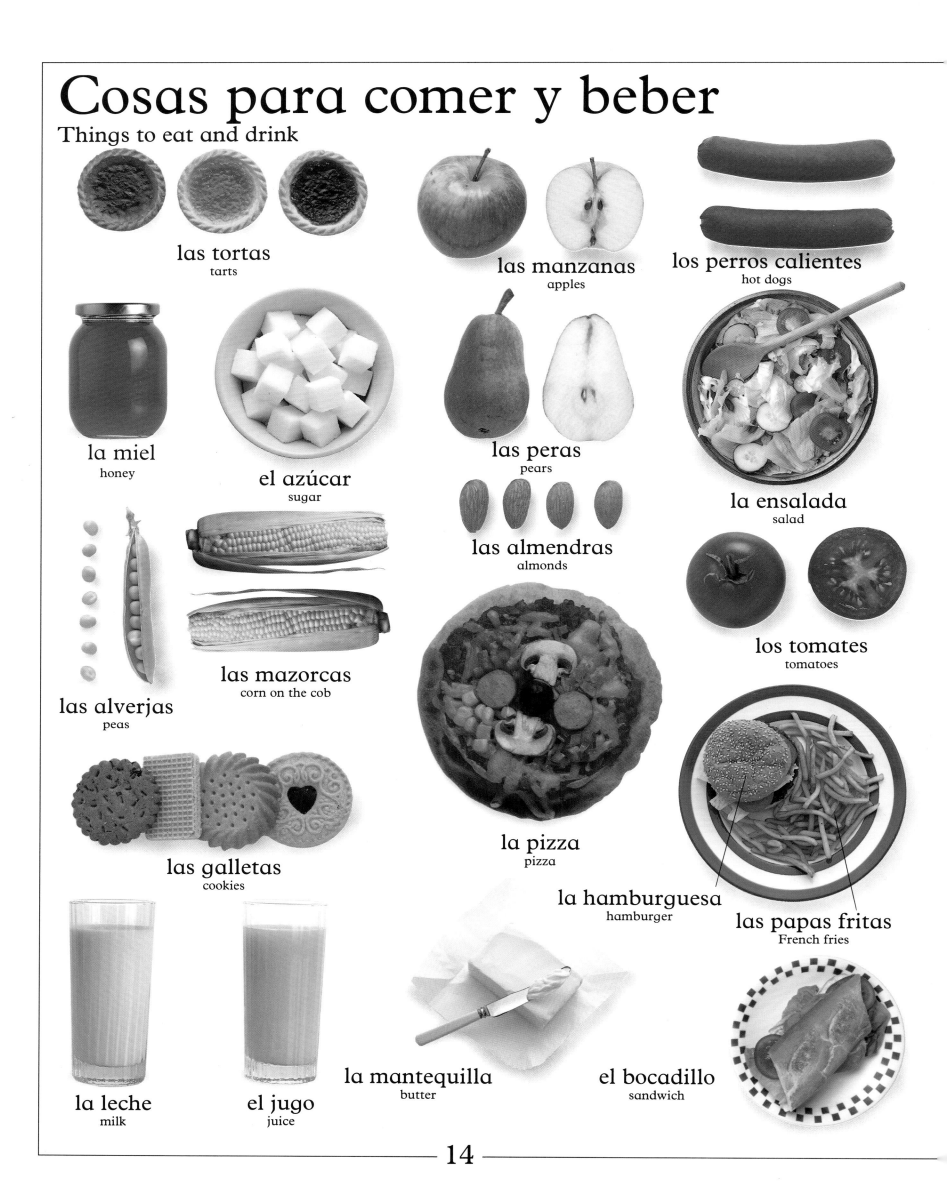

las tortas
tarts

las manzanas
apples

los perros calientes
hot dogs

la miel
honey

el azúcar
sugar

las peras
pears

la ensalada
salad

las almendras
almonds

las mazorcas
corn on the cob

las alverjas
peas

la pizza
pizza

los tomates
tomatoes

las galletas
cookies

la hamburguesa
hamburger

las papas fritas
French fries

la leche
milk

el jugo
juice

la mantequilla
butter

el bocadillo
sandwich

14

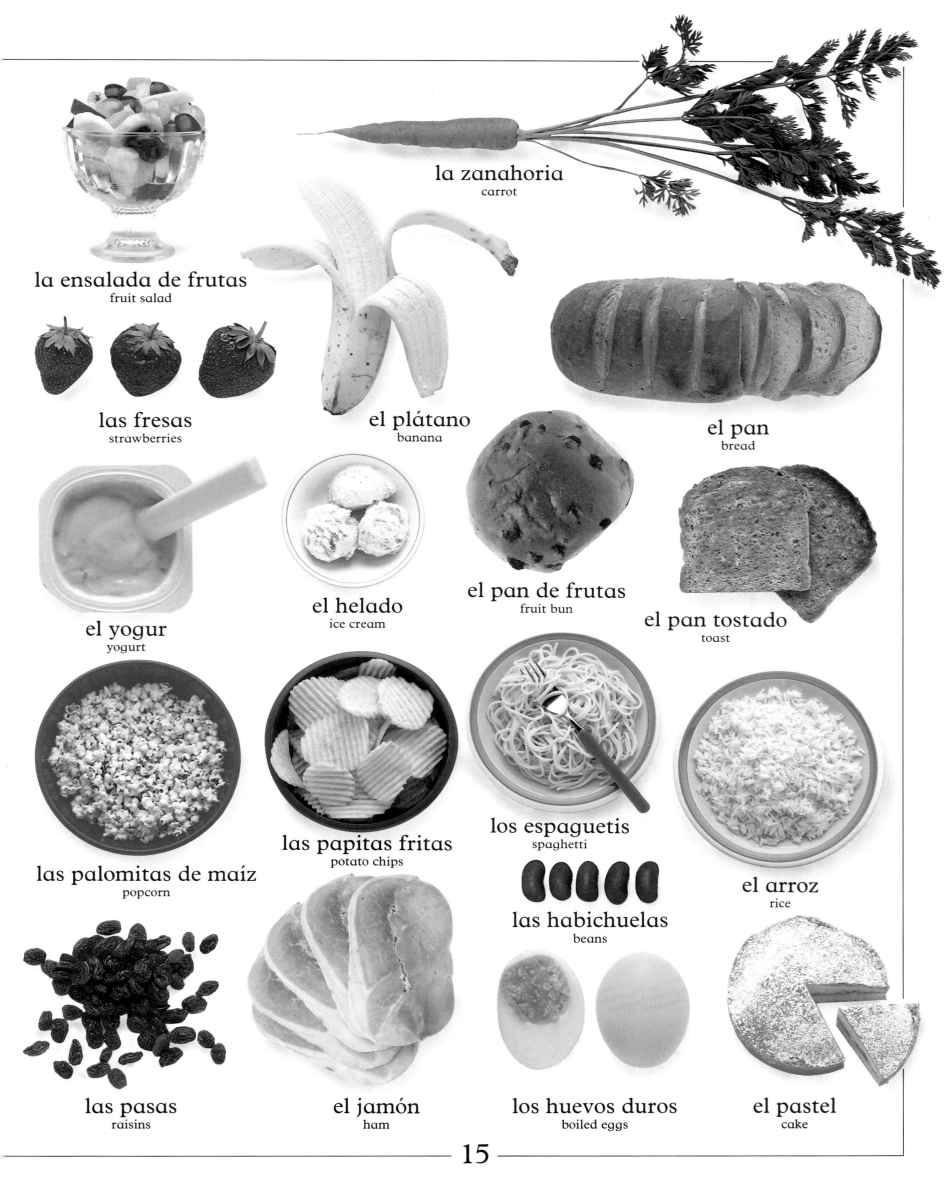

la zanahoria
carrot

la ensalada de frutas
fruit salad

las fresas
strawberries

el plátano
banana

el pan
bread

el yogur
yogurt

el helado
ice cream

el pan de frutas
fruit bun

el pan tostado
toast

las palomitas de maíz
popcorn

las papitas fritas
potato chips

los espaguetis
spaghetti

el arroz
rice

las habichuelas
beans

las pasas
raisins

el jamón
ham

los huevos duros
boiled eggs

el pastel
cake

15

# En el baño
In the bathroom

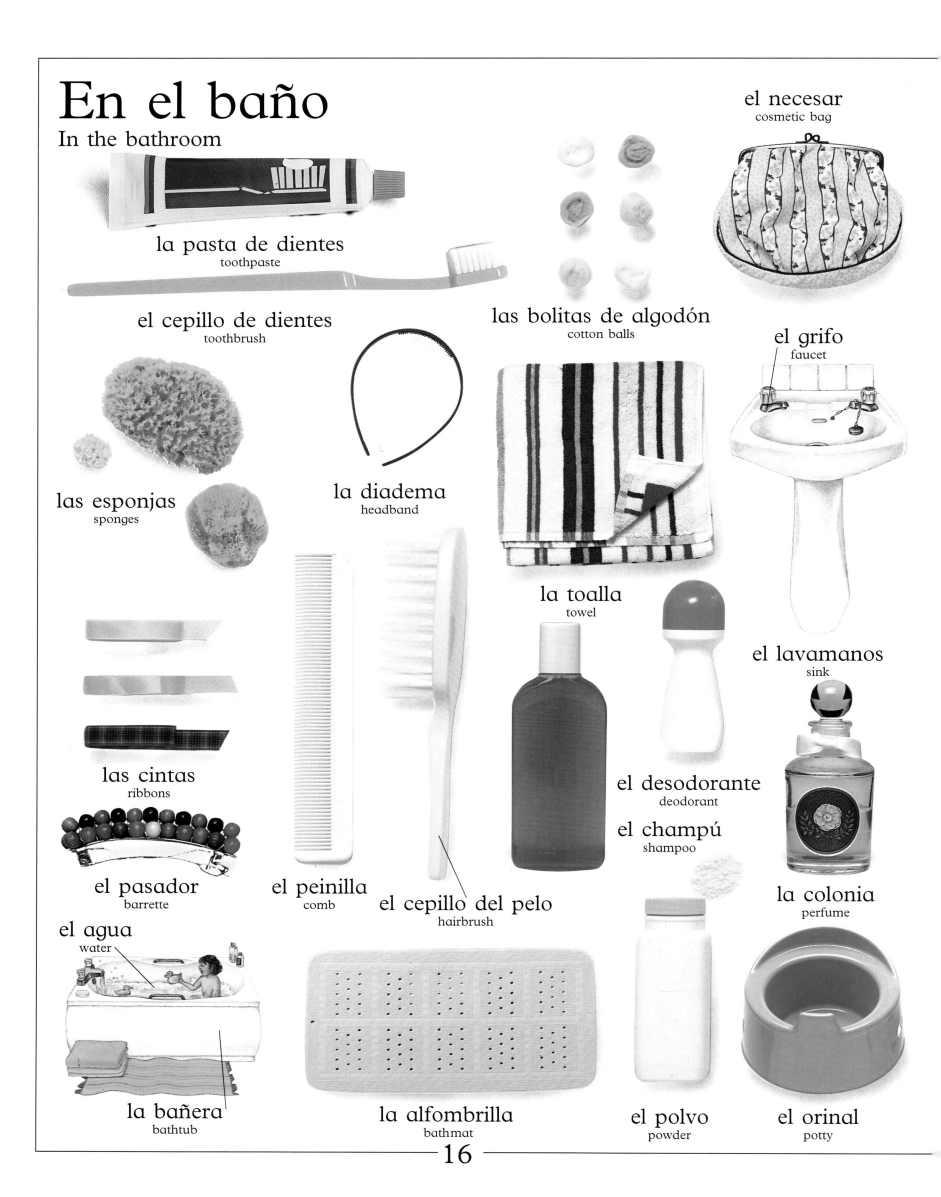

la pasta de dientes
toothpaste

el cepillo de dientes
toothbrush

las bolitas de algodón
cotton balls

el necesar
cosmetic bag

el grifo
faucet

las esponjas
sponges

la diadema
headband

la toalla
towel

el lavamanos
sink

las cintas
ribbons

el desodorante
deodorant

el champú
shampoo

el pasador
barrette

el peinilla
comb

el cepillo del pelo
hairbrush

la colonia
perfume

el agua
water

la bañera
bathtub

la alfombrilla
bathmat

el polvo
powder

el orinal
potty

16

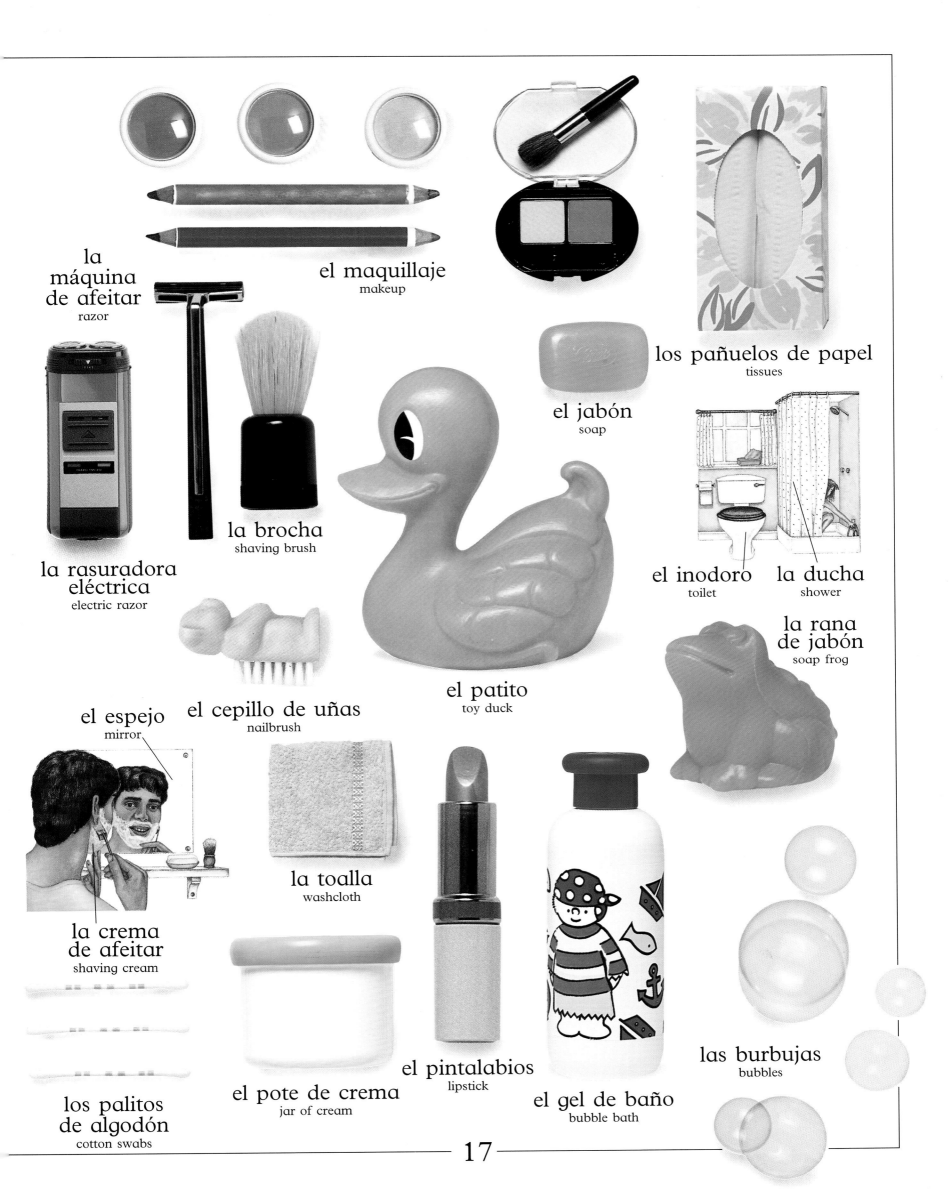

la **máquina de afeitar**
razor

el **maquillaje**
makeup

los **pañuelos de papel**
tissues

el **jabón**
soap

la **brocha**
shaving brush

la **rasuradora eléctrica**
electric razor

el **inodoro**
toilet

la **ducha**
shower

la **rana de jabón**
soap frog

el **patito**
toy duck

el **espejo**
mirror

el **cepillo de uñas**
nailbrush

la **crema de afeitar**
shaving cream

la **toalla**
washcloth

el **pintalabios**
lipstick

las **burbujas**
bubbles

los **palitos de algodón**
cotton swabs

el **pote de crema**
jar of cream

el **gel de baño**
bubble bath

17

# En el jardín

In the garden

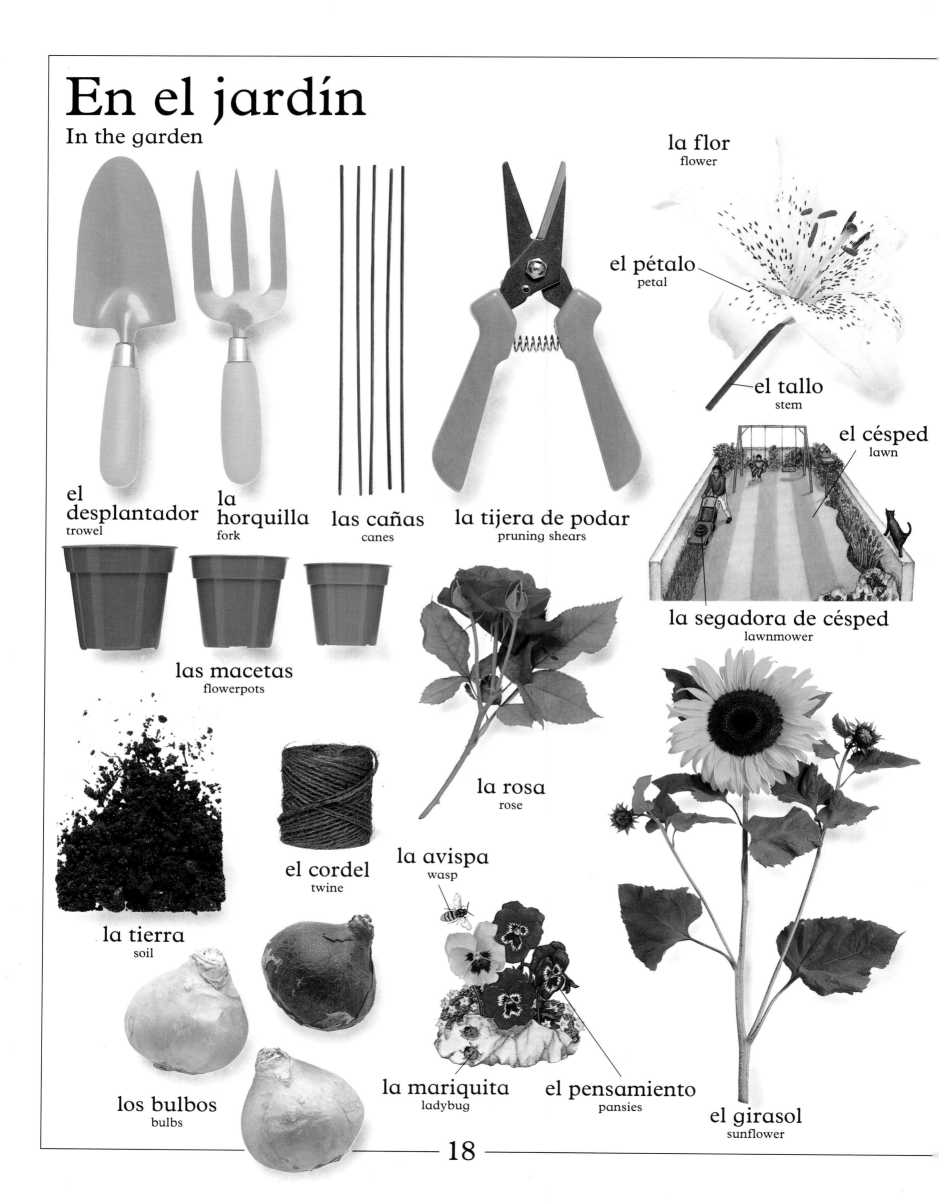

**el desplantador**
trowel

**la horquilla**
fork

**las cañas**
canes

**la tijera de podar**
pruning shears

**la flor**
flower

**el pétalo**
petal

**el tallo**
stem

**el césped**
lawn

**la segadora de césped**
lawnmower

**las macetas**
flowerpots

**la rosa**
rose

**la tierra**
soil

**el cordel**
twine

**la avispa**
wasp

**la mariquita**
ladybug

**el pensamiento**
pansies

**el girasol**
sunflower

**los bulbos**
bulbs

18

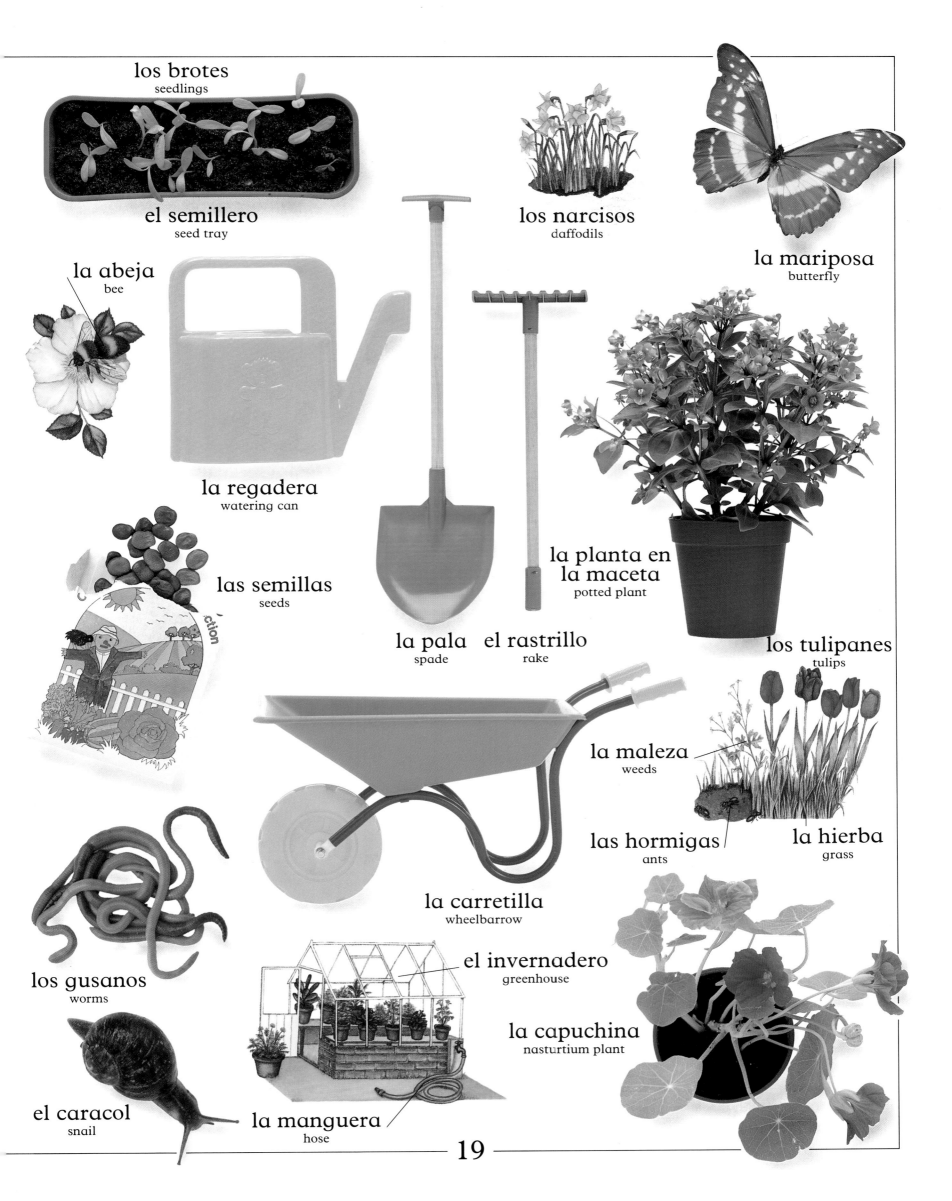

los brotes
seedlings

el semillero
seed tray

los narcisos
daffodils

la mariposa
butterfly

la abeja
bee

la regadera
watering can

las semillas
seeds

la pala
spade

el rastrillo
rake

la planta en
la maceta
potted plant

los tulipanes
tulips

la maleza
weeds

la carretilla
wheelbarrow

las hormigas
ants

la hierba
grass

los gusanos
worms

el invernadero
greenhouse

la capuchina
nasturtium plant

el caracol
snail

la manguera
hose

19

# En el taller In the toolshed

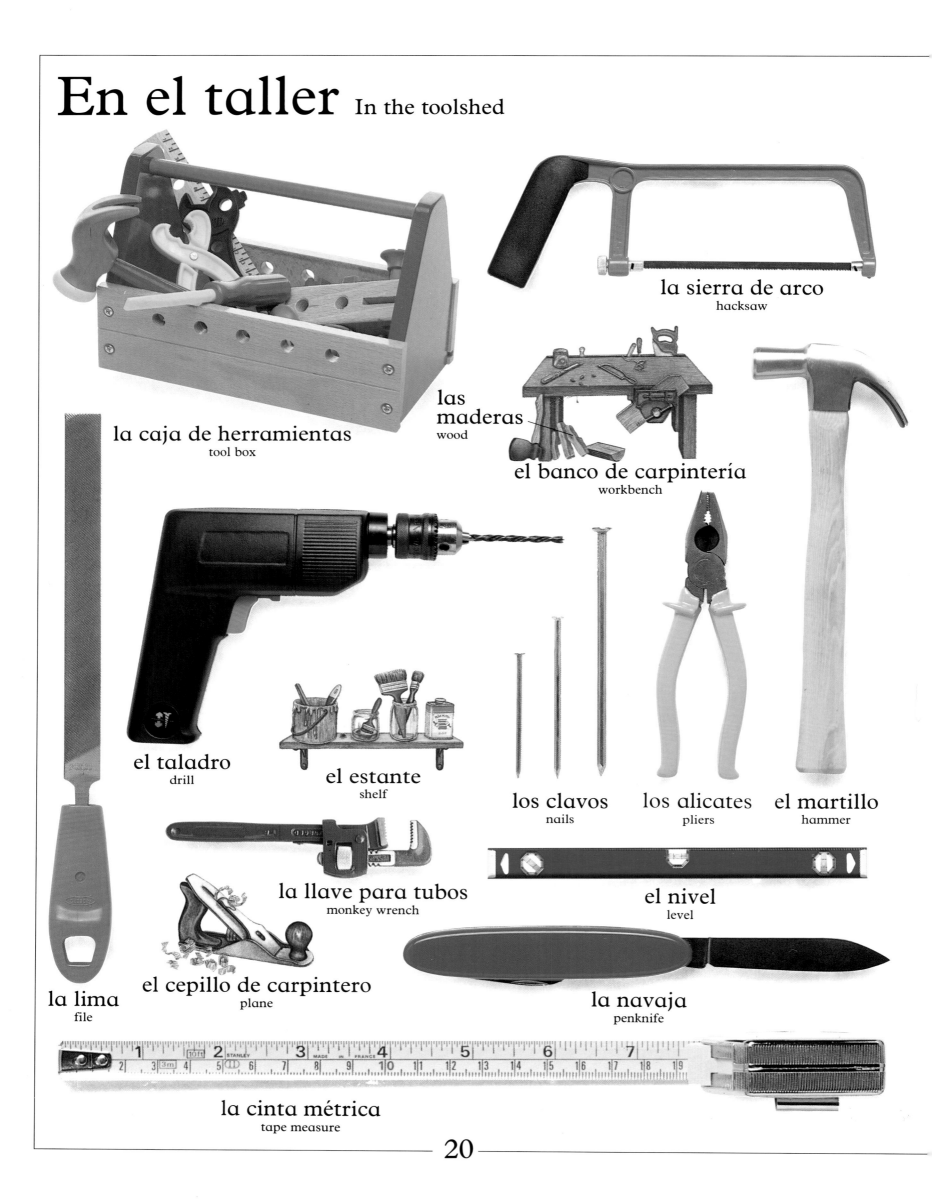

la sierra de arco
hacksaw

la caja de herramientas
tool box

las maderas
wood

el banco de carpintería
workbench

el taladro
drill

el estante
shelf

los clavos
nails

los alicates
pliers

el martillo
hammer

la llave para tubos
monkey wrench

el nivel
level

la lima
file

el cepillo de carpintero
plane

la navaja
penknife

la cinta métrica
tape measure

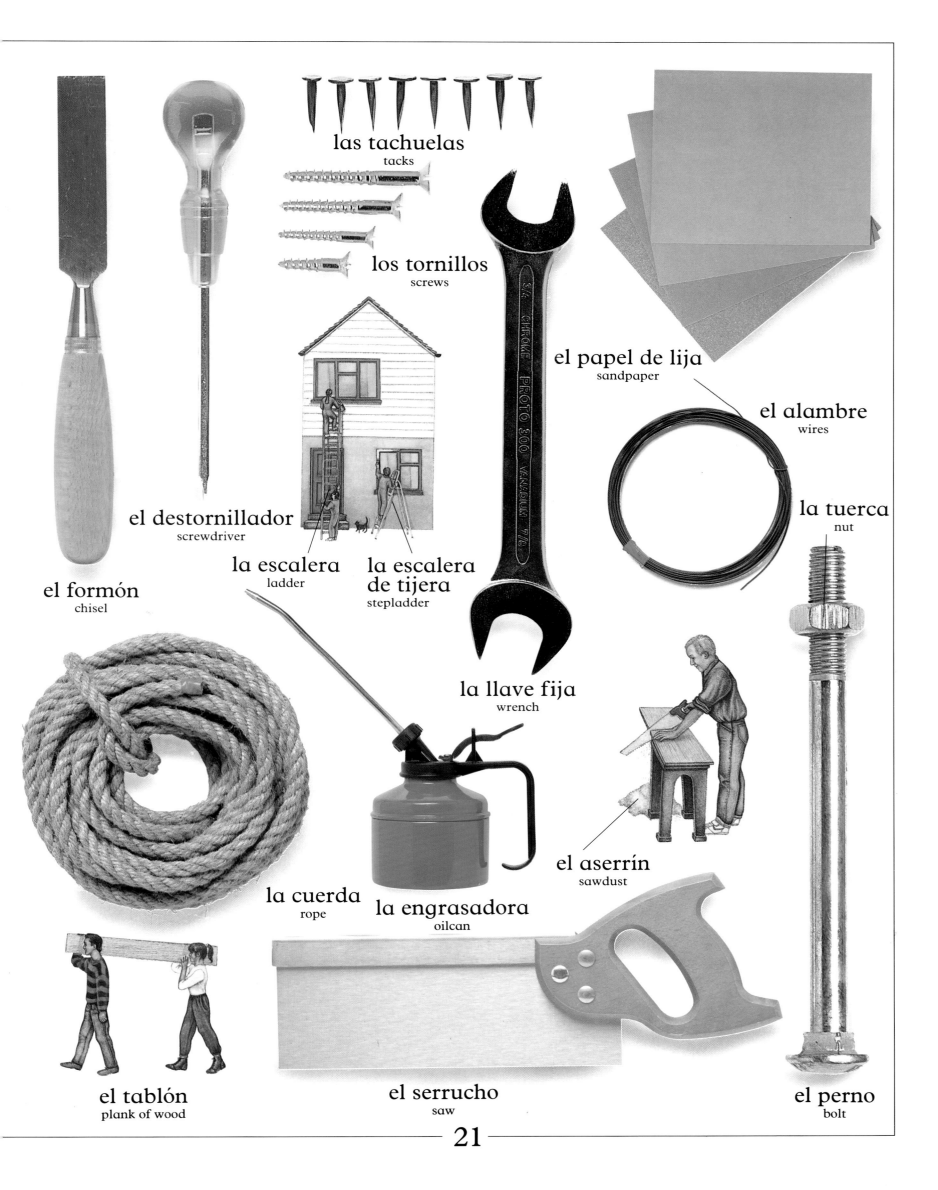

las tachuelas
tacks

los tornillos
screws

el papel de lija
sandpaper

el alambre
wires

la tuerca
nut

el destornillador
screwdriver

la escalera
ladder

la escalera
de tijera
stepladder

la llave fija
wrench

el formón
chisel

la cuerda
rope

la engrasadora
oilcan

el aserrín
sawdust

el tablón
plank of wood

el serrucho
saw

el perno
bolt

# De paseo
Going out

**la bomba de gasolina**
gas pump

**la gasolinera**
garage

**la piscina**
swimming pool

**la biblioteca**
library

**el teatro**
theater

**el cine**
cinema

**el restaurante**
restaurant

**la cabina telefónica**
telephone booth

**el edificio de apartamentos**
apartment house

**el puesto de venta**
stalls

**el mercado al aire libre**
outdoor market

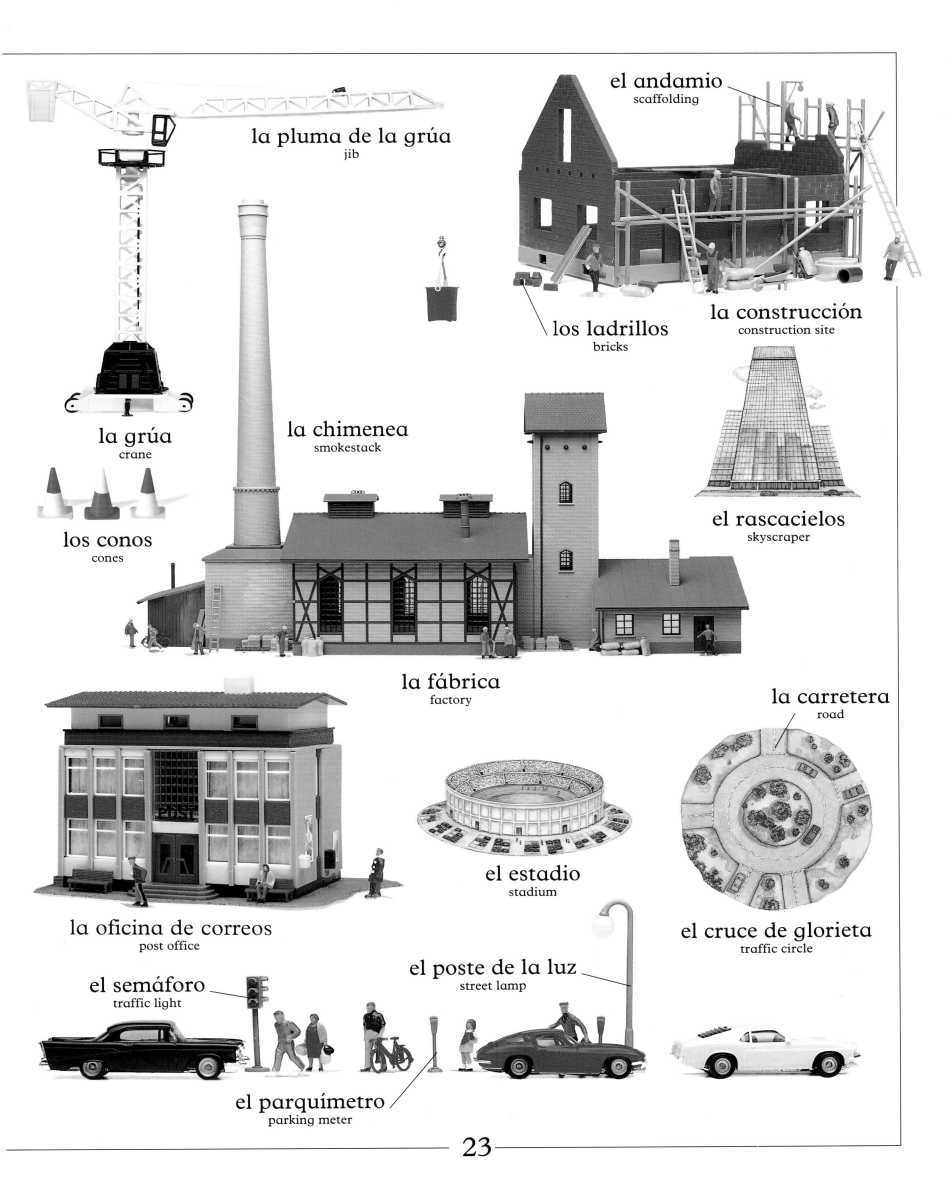

la pluma de la grúa
jib

el andamio
scaffolding

la construcción
construction site

los ladrillos
bricks

la grúa
crane

la chimenea
smokestack

el rascacielos
skyscraper

los conos
cones

la fábrica
factory

la carretera
road

la oficina de correos
post office

el estadio
stadium

el cruce de glorieta
traffic circle

el poste de la luz
street lamp

el semáforo
traffic light

el parquímetro
parking meter

# En el parque

At the park

la cesta de la merienda
picnic basket

la merienda
picnic

la estatua
statue

el banco
bench

la fuente
fountain

el jardín de flores
flowerbed

el coche de niño
stroller

los niños
children

el triciclo
tricycle

el cometa
kite

el cajón de arena
sandbox

los patines
roller skates

las bolas de malabarismo
juggling balls

la cuerda
para brincar
jump rope

el monopatín
skateboard

el cisne
swan

el columpio
swing

la estructura
jungle gym

el sube y baja
seesaw

el tobogán
slide

las palomas
pigeons

el puesto de helados
ice-cream truck

el cochecito del bebé
baby carriage

el termo
Thermos

la fiambrera
lunch box

# En el supermercado

**la cesta de la compra**
basket

**el cereal**
cereal

**el aceite de cocina**
cooking oil

**los caramelos**
candy

**el jabón líquido**
dish-washing soap

**la mermelada**
jam

**la harina**
flour

**el café**
coffee

**la carne**
meat

**el pescado**
fish

**el papel higiénico**
toilet paper

## Frutas
Fruit

**las uvas**
grapes

**los melocotones**
peaches

**las cerezas**
cherries

**la piña**
pineapple

**el limón**
lemon

**la naranja**
orange

**las frambuesas**
raspberries

**la sandía**
watermelon

26

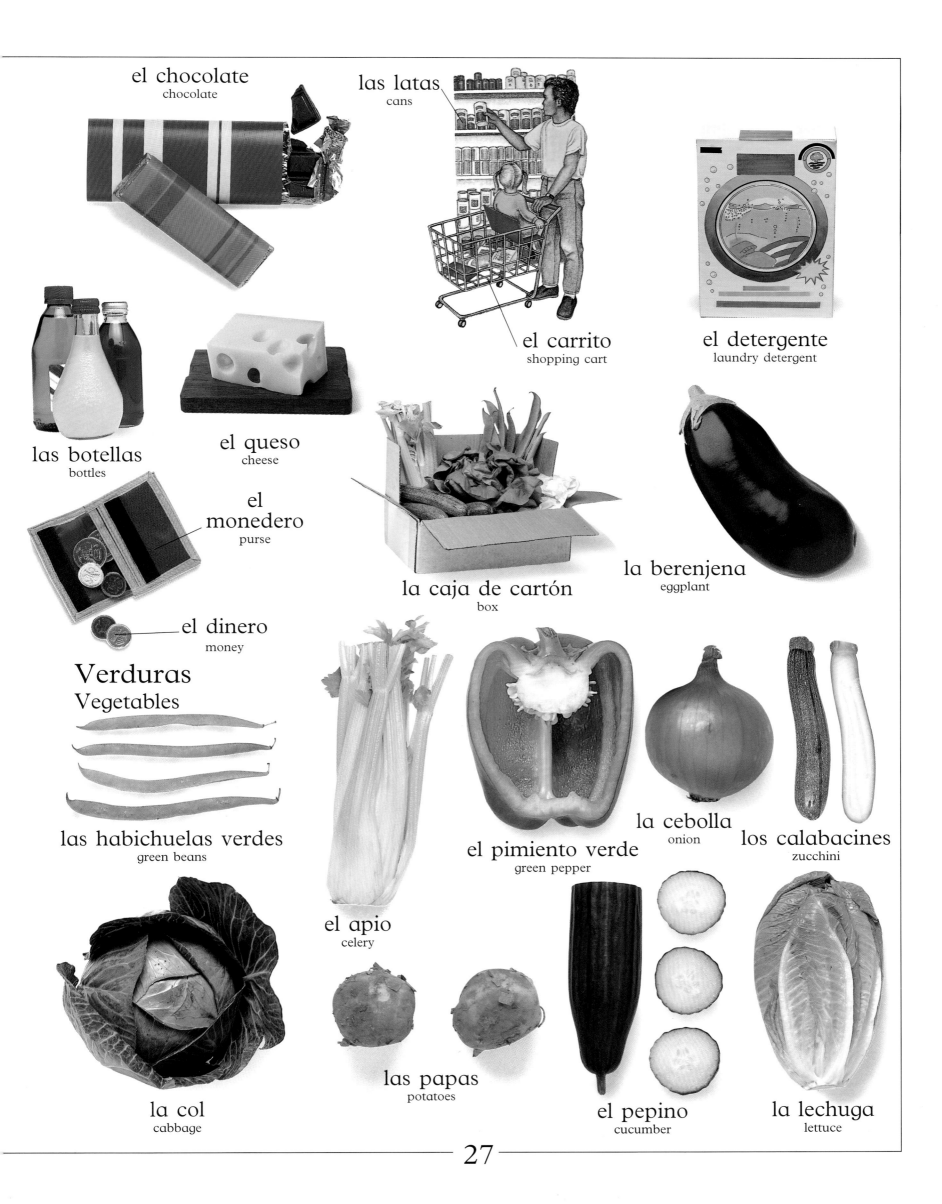

el chocolate
chocolate

las latas
cans

el detergente
laundry detergent

el carrito
shopping cart

las botellas
bottles

el queso
cheese

el monedero
purse

la caja de cartón
box

la berenjena
eggplant

el dinero
money

Verduras
Vegetables

las habichuelas verdes
green beans

el pimiento verde
green pepper

la cebolla
onion

los calabacines
zucchini

el apio
celery

la col
cabbage

las papas
potatoes

el pepino
cucumber

la lechuga
lettuce

27

# Los carros

Cars

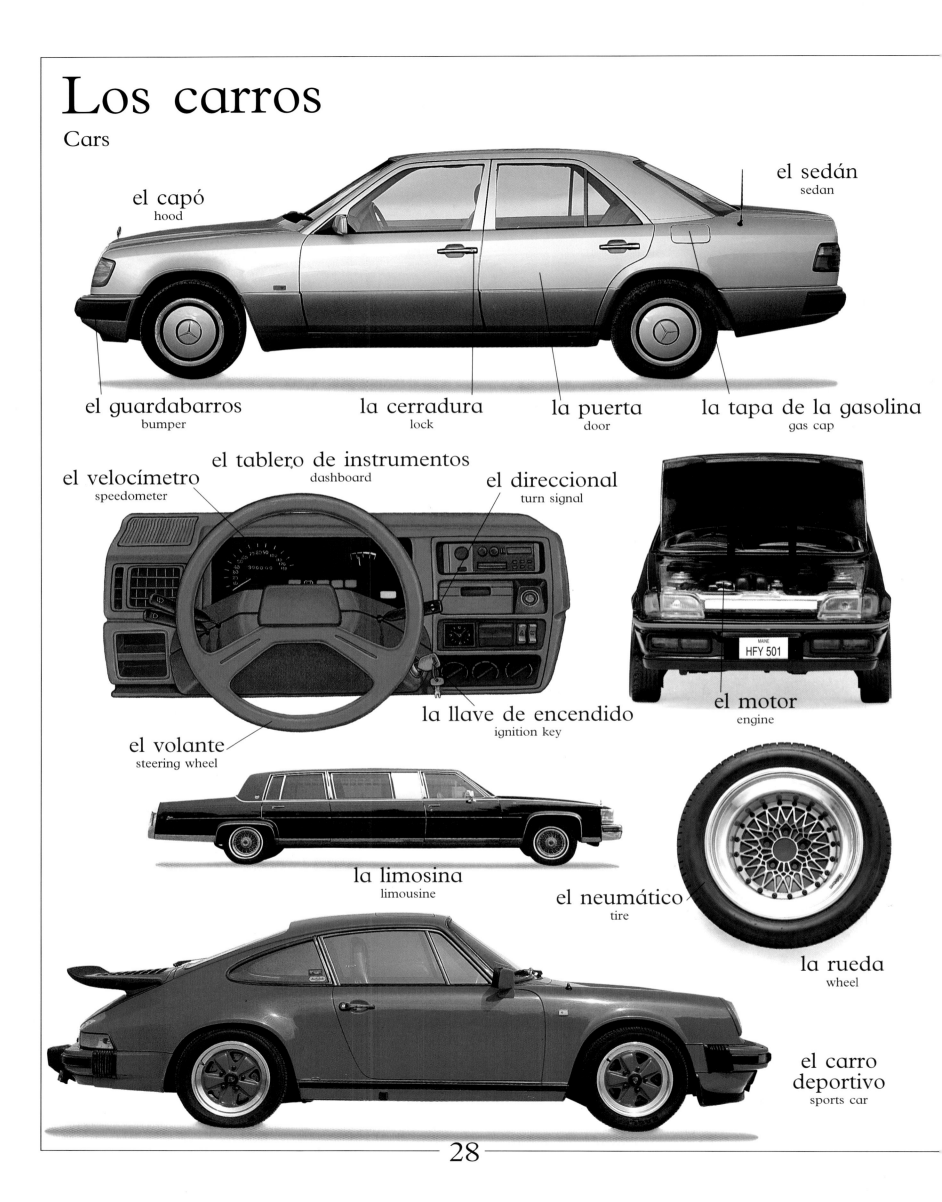

el capó
hood

el sedán
sedan

el guardabarros
bumper

la cerradura
lock

la puerta
door

la tapa de la gasolina
gas cap

el velocímetro
speedometer

el tablero de instrumentos
dashboard

el direccional
turn signal

el motor
engine

la llave de encendido
ignition key

el volante
steering wheel

la limosina
limousine

el neumático
tire

la rueda
wheel

el carro
deportivo
sports car

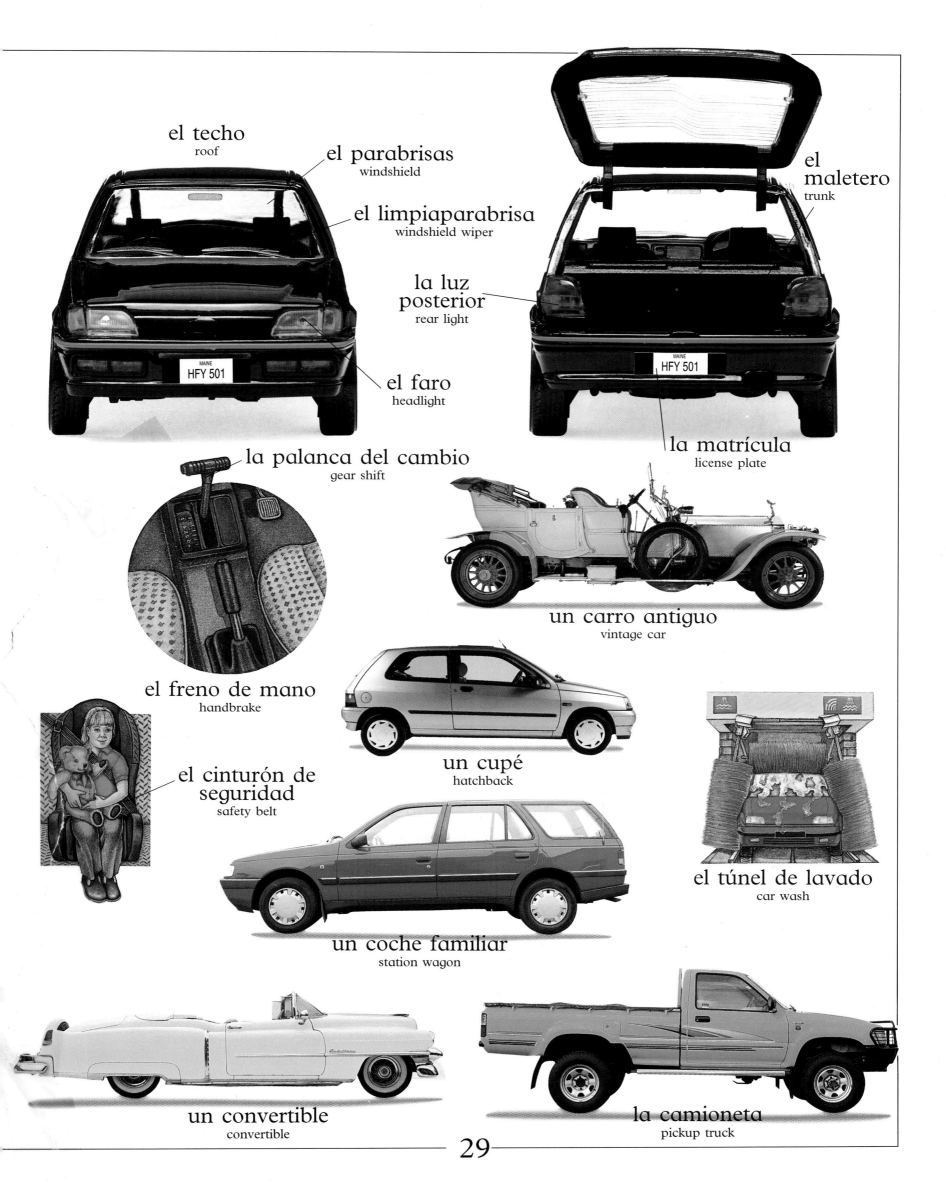

el techo
roof

el parabrisas
windshield

el limpiaparabrisa
windshield wiper

el maletero
trunk

la luz
posterior
rear light

el faro
headlight

la matrícula
license plate

la palanca del cambio
gear shift

un carro antiguo
vintage car

el freno de mano
handbrake

un cupé
hatchback

el cinturón de
seguridad
safety belt

el túnel de lavado
car wash

un coche familiar
station wagon

un convertible
convertible

la camioneta
pickup truck

# Cosas que se mueven
Things that move

la excavadora
digger

la bicicleta
bicycle

la motoneta
motorbike

el carro
car

el ferry
car ferry

el taxi
taxicab

el camión
truck

el pesquero
boat

el dirigible
blimp

el bulldozer
bulldozer

el paracaídas
parachutes

la moto
motorcycle

el submarino
submarine

el vagón
railway car

el ferrocarril
train tracks

**la ambulancia**
ambulance

**el globo aerostático**
hot-air balloon

**el ala delta**
hang glider

**el avión**
airplane

**el carro de policía**
police car

**la furgoneta**
van

**el aeropuerto**
airport

**el planeador**
glider

**el camión de bomberos**
fire truck

**el camión volquete**
dump truck

**el carro de carreras**
racing car

**el helicóptero**
helicopter

**el cohete**
rocket

**el tren**
train

**la locomotora**
engine

**el autocar**
coach

# En el campo

In the country

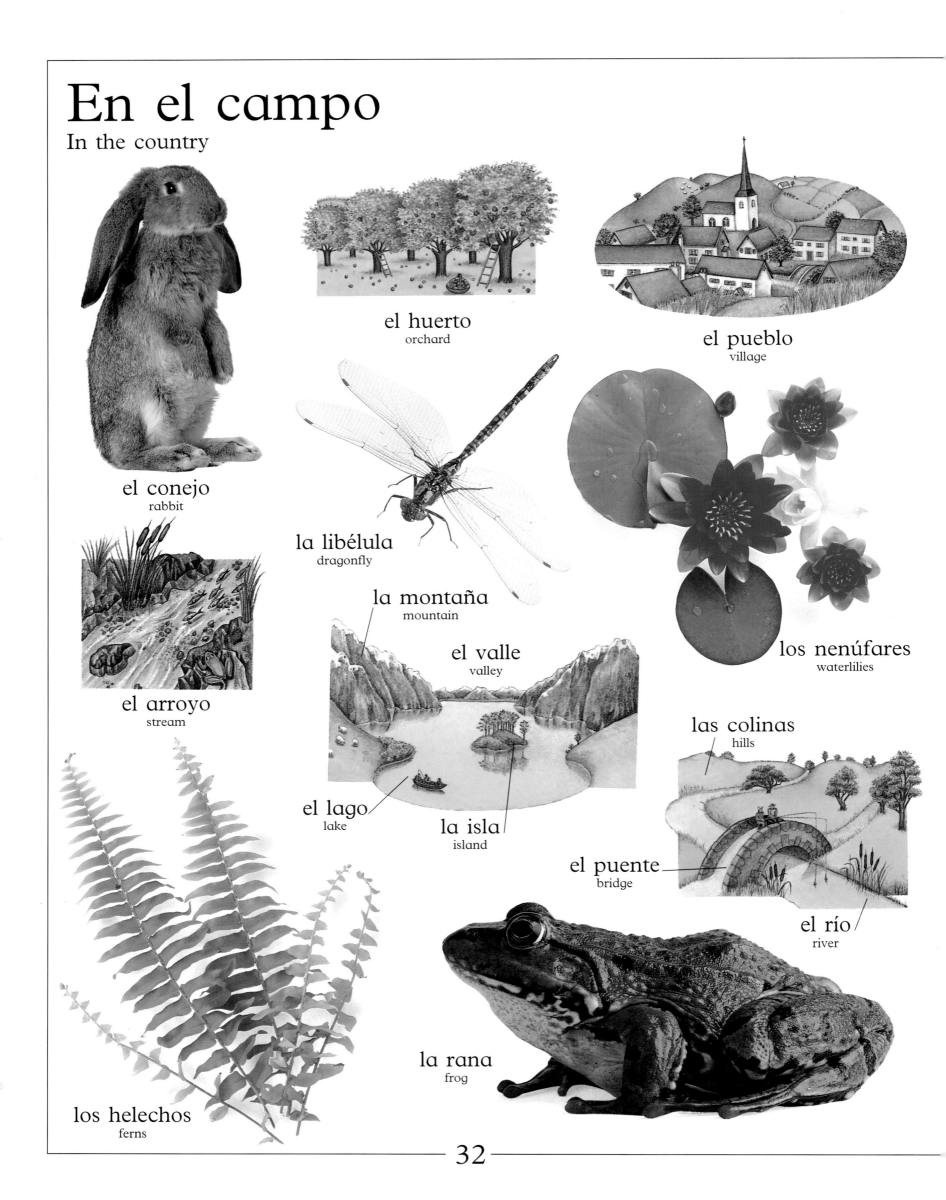

el conejo
rabbit

el huerto
orchard

el pueblo
village

la libélula
dragonfly

los nenúfares
waterlilies

el arroyo
stream

la montaña
mountain

el valle
valley

el lago
lake

la isla
island

las colinas
hills

el puente
bridge

el río
river

los helechos
ferns

la rana
frog

32

los champiñones
mushrooms

la carretera
road

las moras
blackberries

vehículo de remolque
camper

la tienda de campaña
tent

el campamento
campsite

el zorro
fox

Flores silvestres
Wildflowers

la cascada
waterfall

el diente de león
dandelion

los ranúnculos
buttercups

las margaritas
daisies

33

# En el bosque In the woods

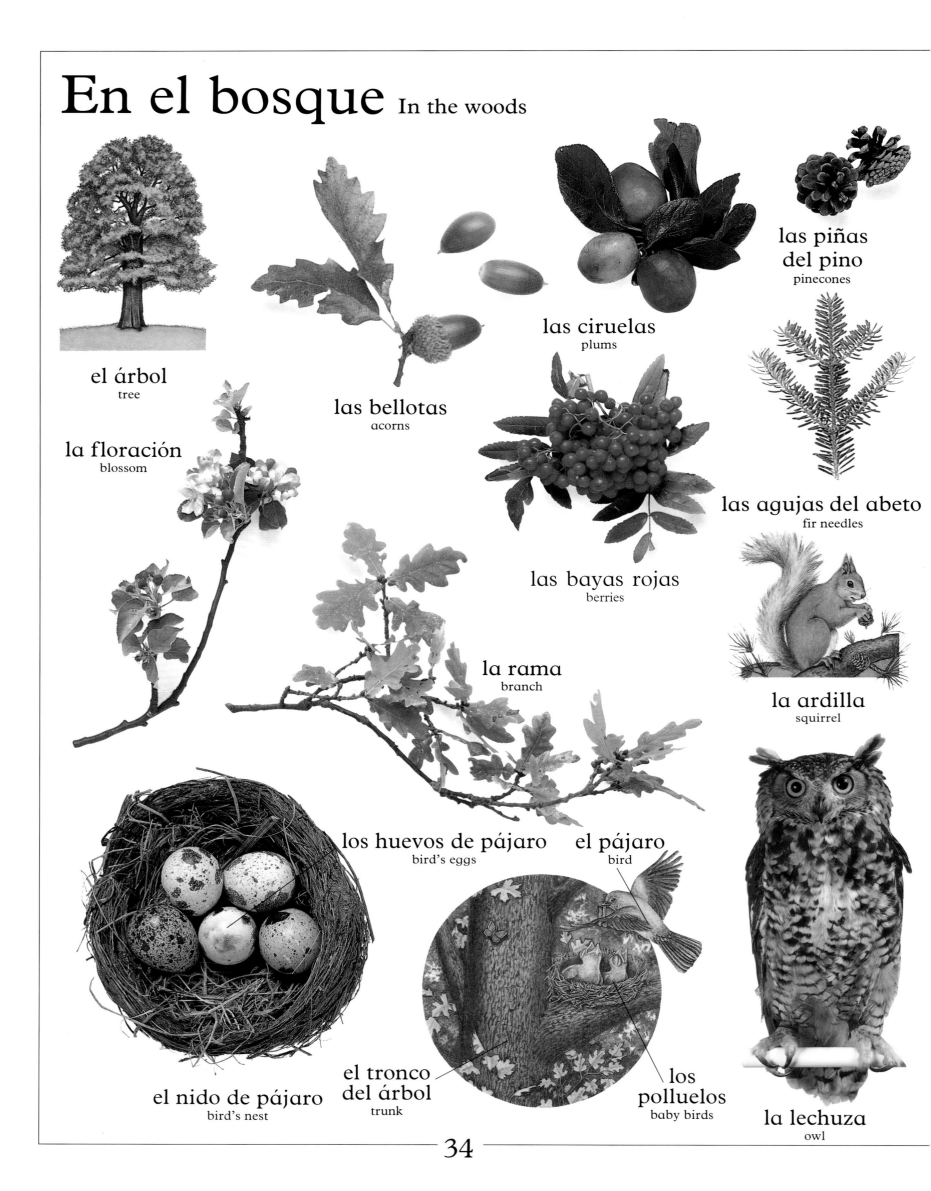

**el árbol**
tree

**la floración**
blossom

**las bellotas**
acorns

**las ciruelas**
plums

**las piñas del pino**
pinecones

**las bayas rojas**
berries

**las agujas del abeto**
fir needles

**la rama**
branch

**la ardilla**
squirrel

**los huevos de pájaro**
bird's eggs

**el pájaro**
bird

**el nido de pájaro**
bird's nest

**el tronco del árbol**
trunk

**los polluelos**
baby birds

**la lechuza**
owl

34

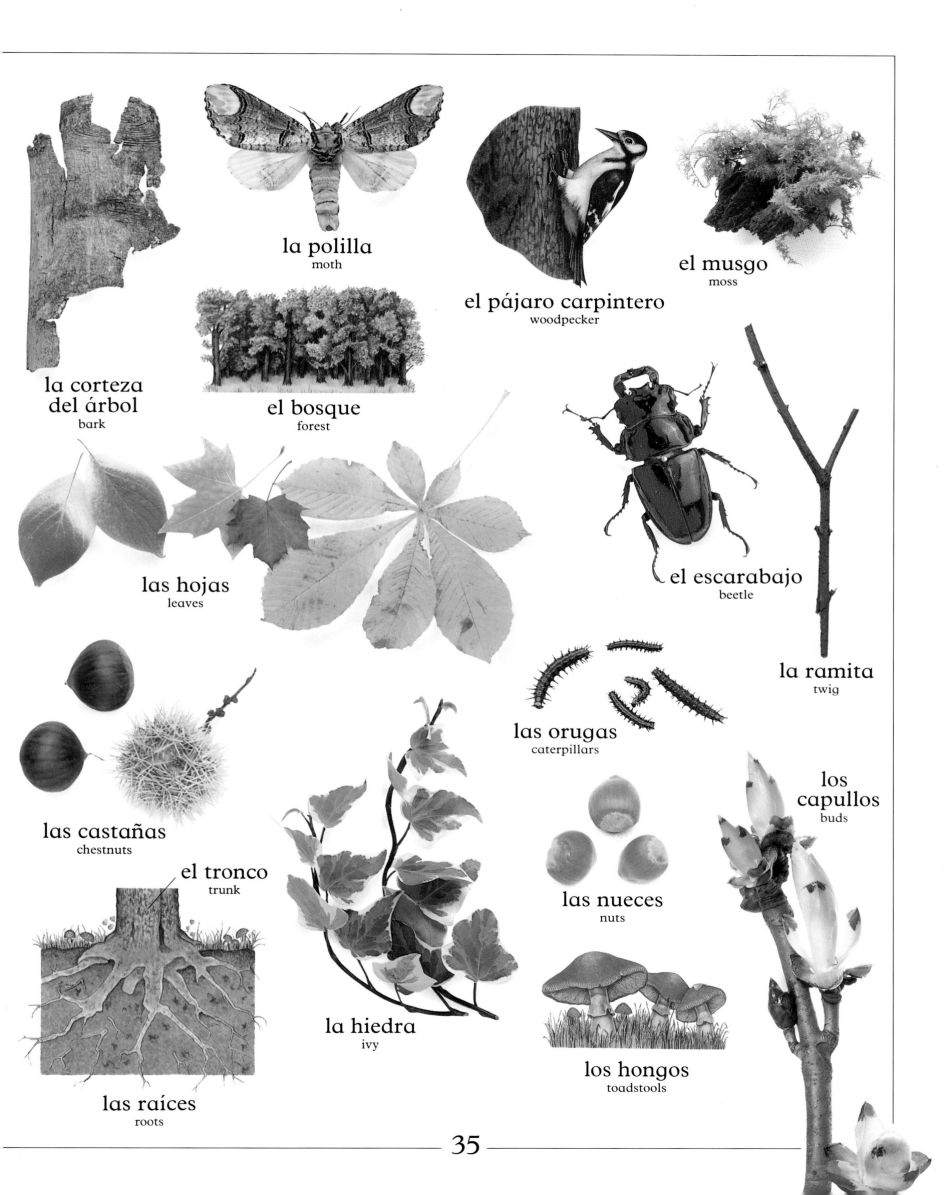

**la polilla**
moth

**el pájaro carpintero**
woodpecker

**el musgo**
moss

**la corteza del árbol**
bark

**el bosque**
forest

**las hojas**
leaves

**el escarabajo**
beetle

**la ramita**
twig

**las castañas**
chestnuts

**las orugas**
caterpillars

**los capullos**
buds

**el tronco**
trunk

**la hiedra**
ivy

**las nueces**
nuts

**las raíces**
roots

**los hongos**
toadstools

# En la granja

On the farm

el caballo
horse

el corral
farmyard

el abrevadero
trough

la vivienda
farmhouse

el ganso
goose

el campo
field

la valla
fence

los cochinillos
piglets

el corderito
lamb

el cerdo
pig

la oveja
sheep

la cabra
goat

el trigal
wheatfield

la porqueriza
pigsty

la puerta
gate

el tractor
tractor

la caravana
trailer

el toro
bull

el ternero
calf

la vaca
cow

la gallina
chicken

el gallinero
chicken coop

el pollito
chick

la caballeriza
stable

el estanque
pond

el gallo
rooster

el perro
dog

los patitos
ducklings

el pato
duck

el establo
barn

el arado
plow

la cosechadora
combine harvester

# Animales domésticos
Pets

los hámsters
hamsters

el caparazón
shell

la tortuga
turtle

los bigotes
whiskers

los
loros
parrots

el pico
beak

los renacuajos
tadpoles

la cola
tail

el gato
cat

las algas
seaweed

las plumas
feathers

el cobaya
guinea pig

el pez dorado
goldfish

el acuario
aquarium

los cachorros
puppies

el collar
collar

la correa
leash

el hueso
bone

el pelo
fur

el ratón
mouse

el perro
dog

la percha
perch

las patas
paw

los gatitos
kittens

el canario
canary

la jaula
cage

la crin
mane

la cestita
basket

el pony
pony

los cascos
hoof

el ala
wing

las garras
claws

el periquito
parakeet

# Animales salvajes
Wild animals

el cocodrilo
crocodile

las escamas
scales

el pelícano
pelican

el jaguar
jaguar

el pavo real
peacock

el canguro
kangaroo

el delfín
dolphin

la aleta
fin

los cuernos
horns

el hipopótamo
hippopotamus

la gacela
gazelle

el tiburón
shark

el tigre
tiger

el chimpancé
chimpanzee

el avestruz
ostrich

la jirafa
giraffe

el oso
bear

40

el lagarto
lizard

el rinoceronte
rhinoceros

el pingüino
penguin

el camello
camel

el oso panda
panda

el oso polar
polar bear

el koala
koala

el búfalo
buffalo

el colmillo
tusk

la trompa
trunk

el elefante
elephant

la serpiente
snake

le león
lion

el armadillo
armadillo

la cebra
zebra

# Juguetes
Toys

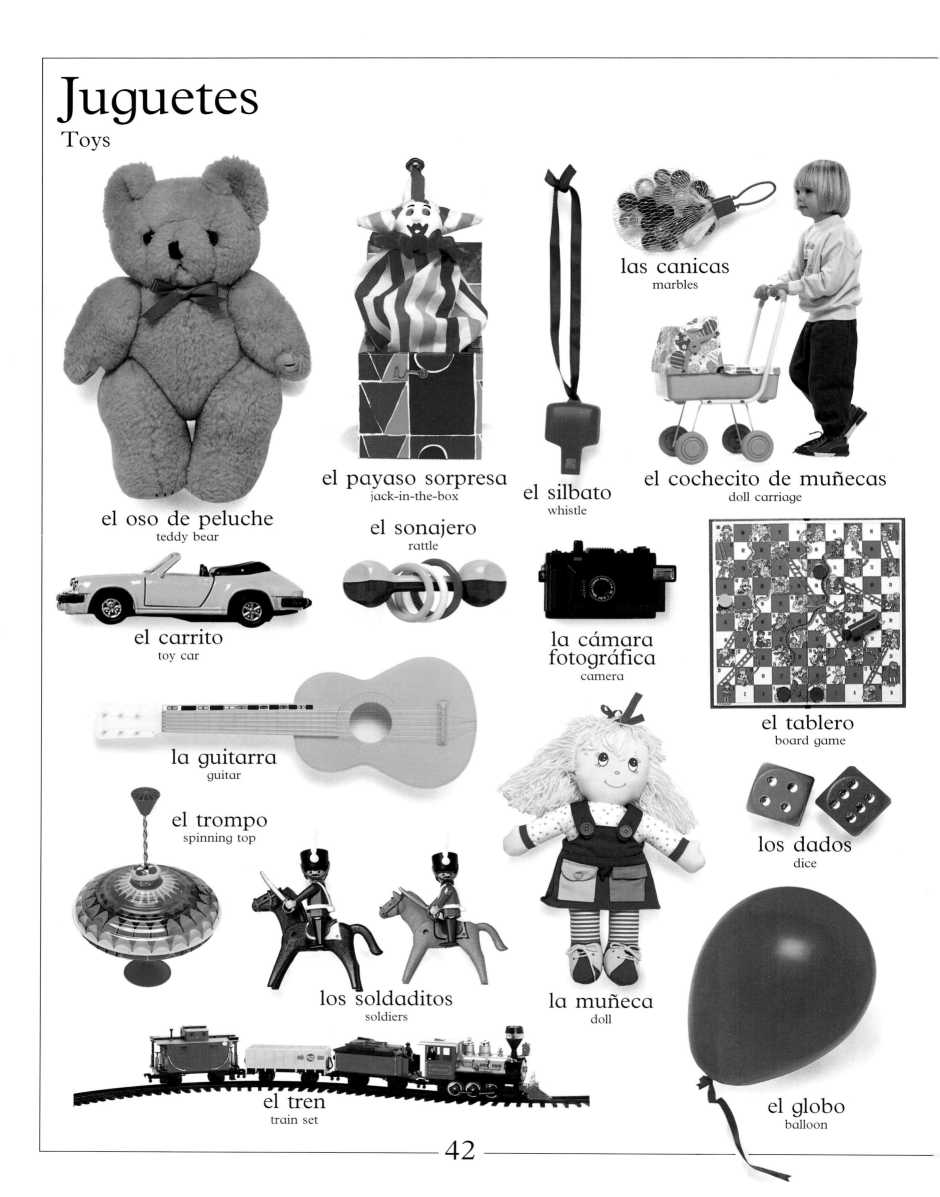

el oso de peluche
teddy bear

el payaso sorpresa
jack-in-the-box

el silbato
whistle

las canicas
marbles

el cochecito de muñecas
doll carriage

el carrito
toy car

el sonajero
rattle

la cámara
fotográfica
camera

el tablero
board game

la guitarra
guitar

el trompo
spinning top

los dados
dice

los soldaditos
soldiers

la muñeca
doll

el tren
train set

el globo
balloon

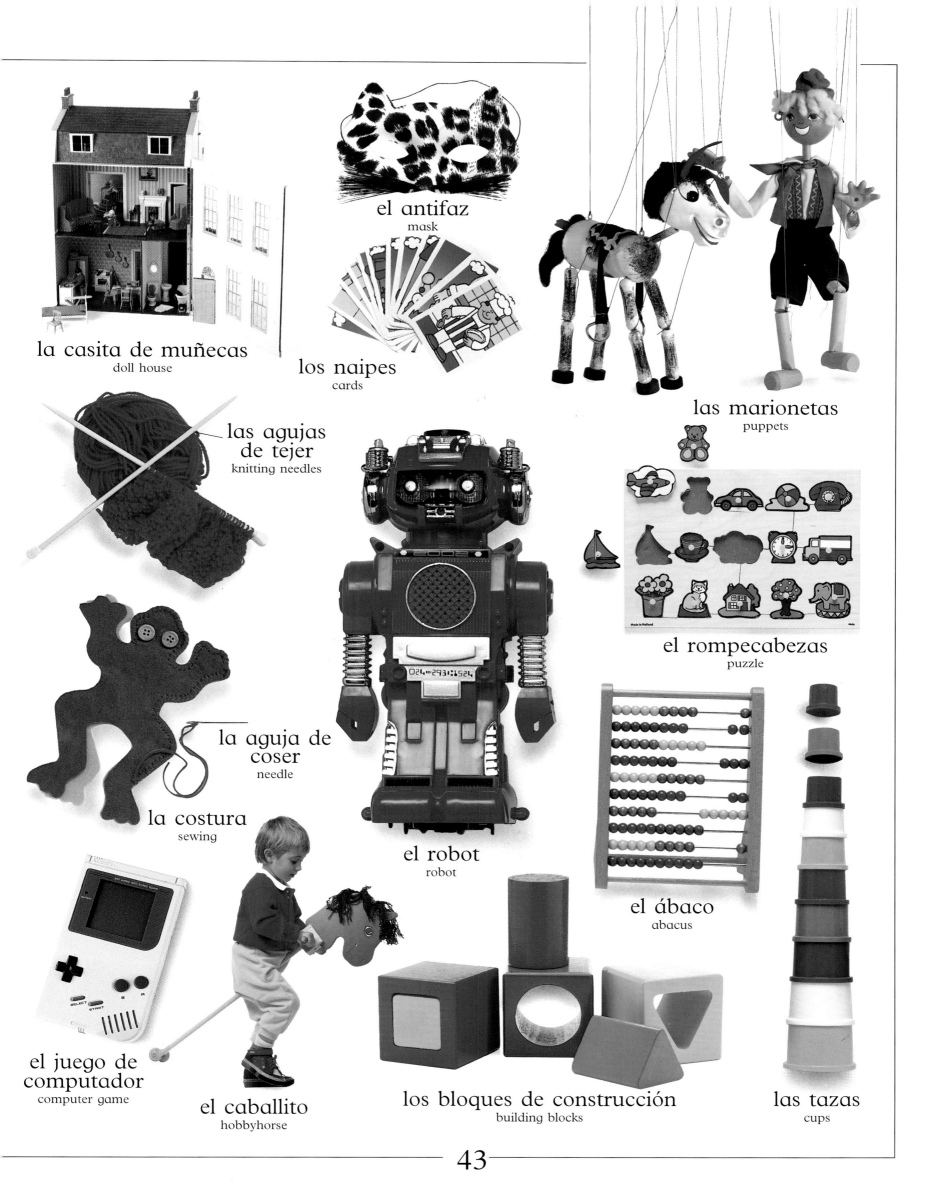

**la casita de muñecas**
doll house

**el antifaz**
mask

**los naipes**
cards

**las marionetas**
puppets

**las agujas de tejer**
knitting needles

**la aguja de coser**
needle

**la costura**
sewing

**el robot**
robot

**el rompecabezas**
puzzle

**el ábaco**
abacus

**el juego de computador**
computer game

**el caballito**
hobbyhorse

**los bloques de construcción**
building blocks

**las tazas**
cups

# En la escuela
Going to school

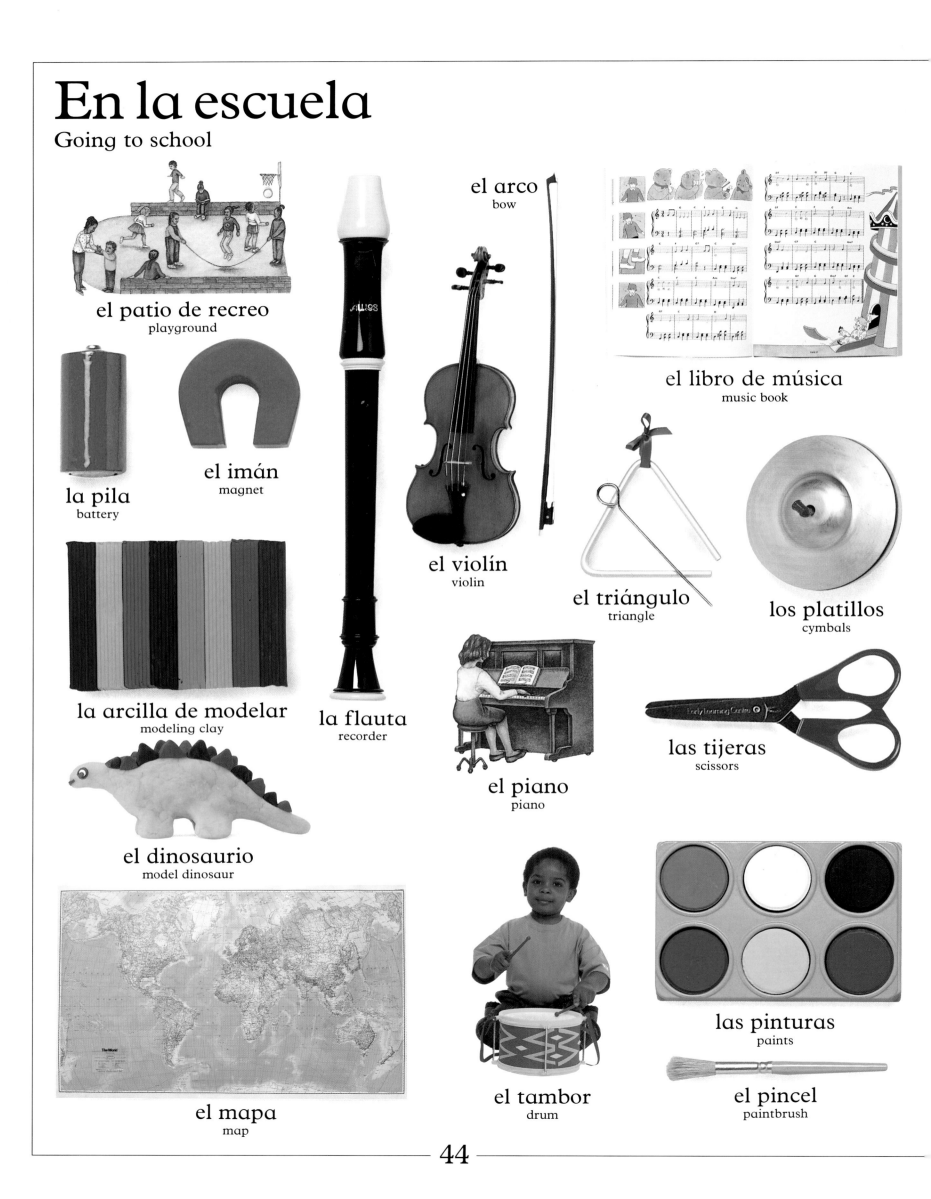

el patio de recreo
playground

la pila
battery

el imán
magnet

la arcilla de modelar
modeling clay

el dinosaurio
model dinosaur

el mapa
map

la flauta
recorder

el arco
bow

el violín
violin

el piano
piano

el tambor
drum

el libro de música
music book

el triángulo
triangle

los platillos
cymbals

las tijeras
scissors

las pinturas
paints

el pincel
paintbrush

abcdefg
hijklm
nopqrst
uvwxyz

**las letras**
letters

**la maestra**
teacher

**escribir**
writing

**los libros**
books

**el globo terráqueo**
globe

**el pegante**
glue

**las tizas**
chalk

3+3=6
2×2=4
5-3=2

**la pizarra**
blackboard

**los números**
numbers

**el lápiz**
pencil

**el calendario**
calendar

**el borrador**
eraser

**el caballete**
easel

**el papel**
paper

**dibujar**
drawing

**pintar**
painting

**la regla**
ruler

**los creyones**
crayons

45

# En la playa

At the seaside

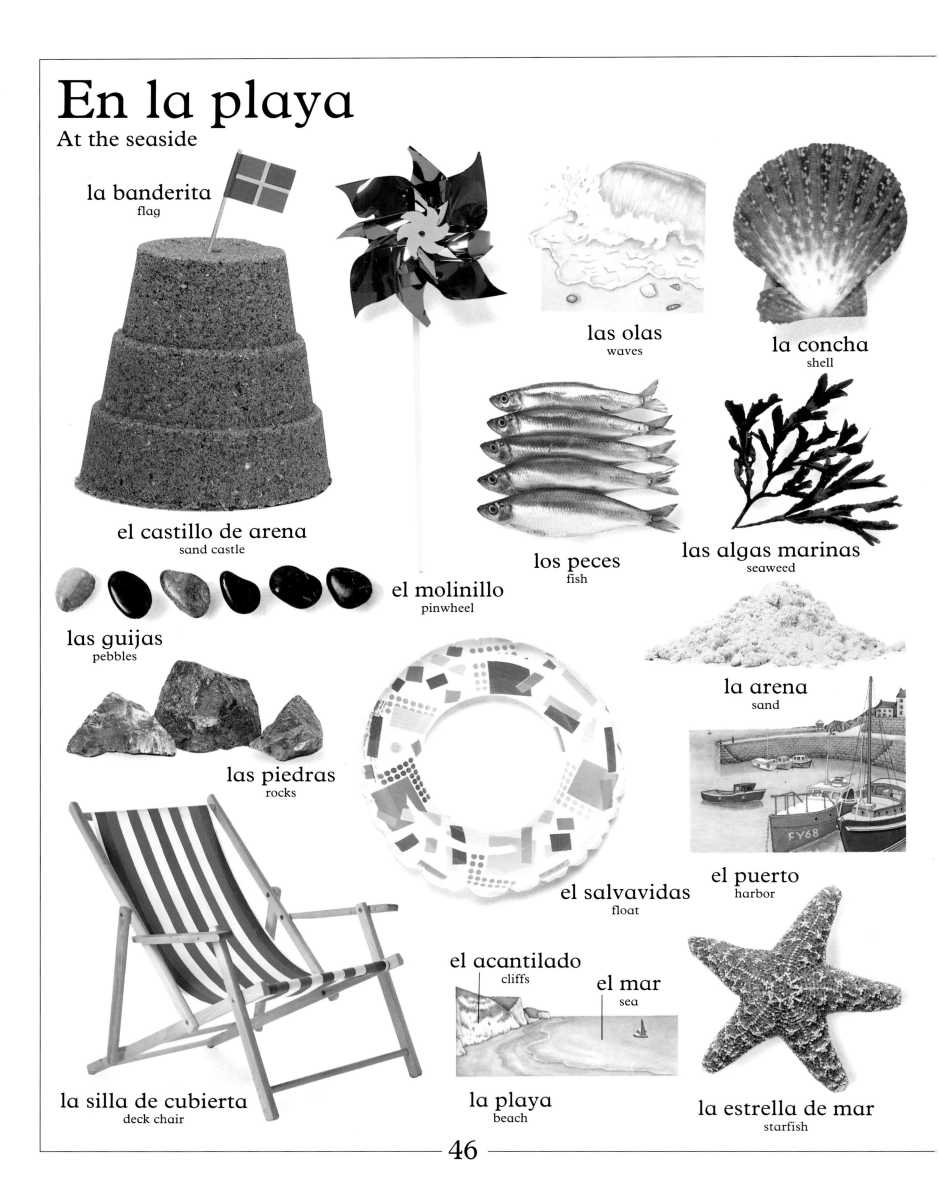

la banderita
flag

el castillo de arena
sand castle

el molinillo
pinwheel

las guijas
pebbles

las piedras
rocks

la silla de cubierta
deck chair

las olas
waves

los peces
fish

el salvavidas
float

el acantilado
cliffs

el mar
sea

la playa
beach

la concha
shell

las algas marinas
seaweed

la arena
sand

el puerto
harbor

la estrella de mar
starfish

**los flotadores**
water wings

**las gafas de sol**
sunglasses

**la barquilla
de helado**
ice-cream cone

**el faro**
lighthouse

**la sombrilla de playa**
beach umbrella

**las gaviotas**
seagulls

**el cangrejo**
crab

**el traje de baño**
swimsuit

**la pelota**
beach ball

**la pala**
shovel

**el asa**
handle

**la gorrita**
sun hat

**la vela**
sail

**el cubo**
pail

**el fondo del mar**
tidal pool

**el barquito
de vela**
sailboat

# El tiempo, el clima y las estaciones
Time, weather, and seasons

el día
daytime

la hora del desayuno
breakfast time

la hora
de jugar
playtime

la hora de dormir
bedtime

la hora de almorzar
lunchtime

la noche
nighttime

la hora de cenar
suppertime

## Los días de la semana
### Days of the week

lunes
Monday

viernes
Friday

martes
Tuesday

sábado
Saturday

miércoles
Wednesday

domingo
Sunday

jueves
Thursday

## Los meses del año
### Months of the year

enero
January

mayo
May

septiembre
September

febrero
February

junio
June

octubre
October

marzo
March

julio
July

noviembre
November

abril
April

agosto
August

diciembre
December

48

# El clima Weather

el sol
sun

la nube
cloud

el arco iris
rainbow

lluvioso
rainy

el charco
puddle

el muñeco de nieve
snowman

la nieve
snow

ventoso
windy

## Las estaciones
Seasons

la primavera
spring

el verano
summer

el otoño
fall

el invierno
winter

# Deportes
Sports

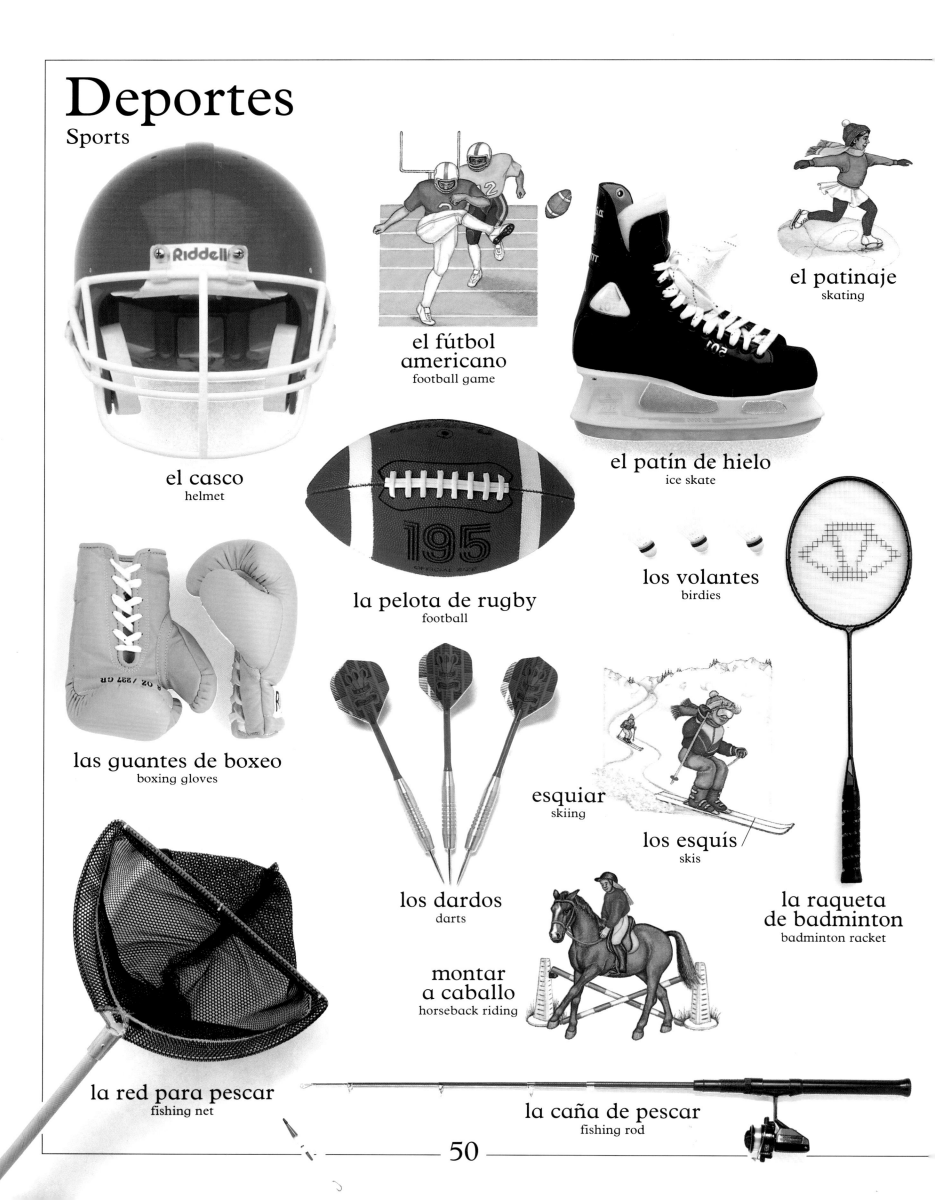

el casco
helmet

el fútbol
americano
football game

el patín de hielo
ice skate

el patinaje
skating

la pelota de rugby
football

los volantes
birdies

las guantes de boxeo
boxing gloves

los dardos
darts

esquiar
skiing

los esquís
skis

la raqueta
de badminton
badminton racket

montar
a caballo
horseback riding

la red para pescar
fishing net

la caña de pescar
fishing rod

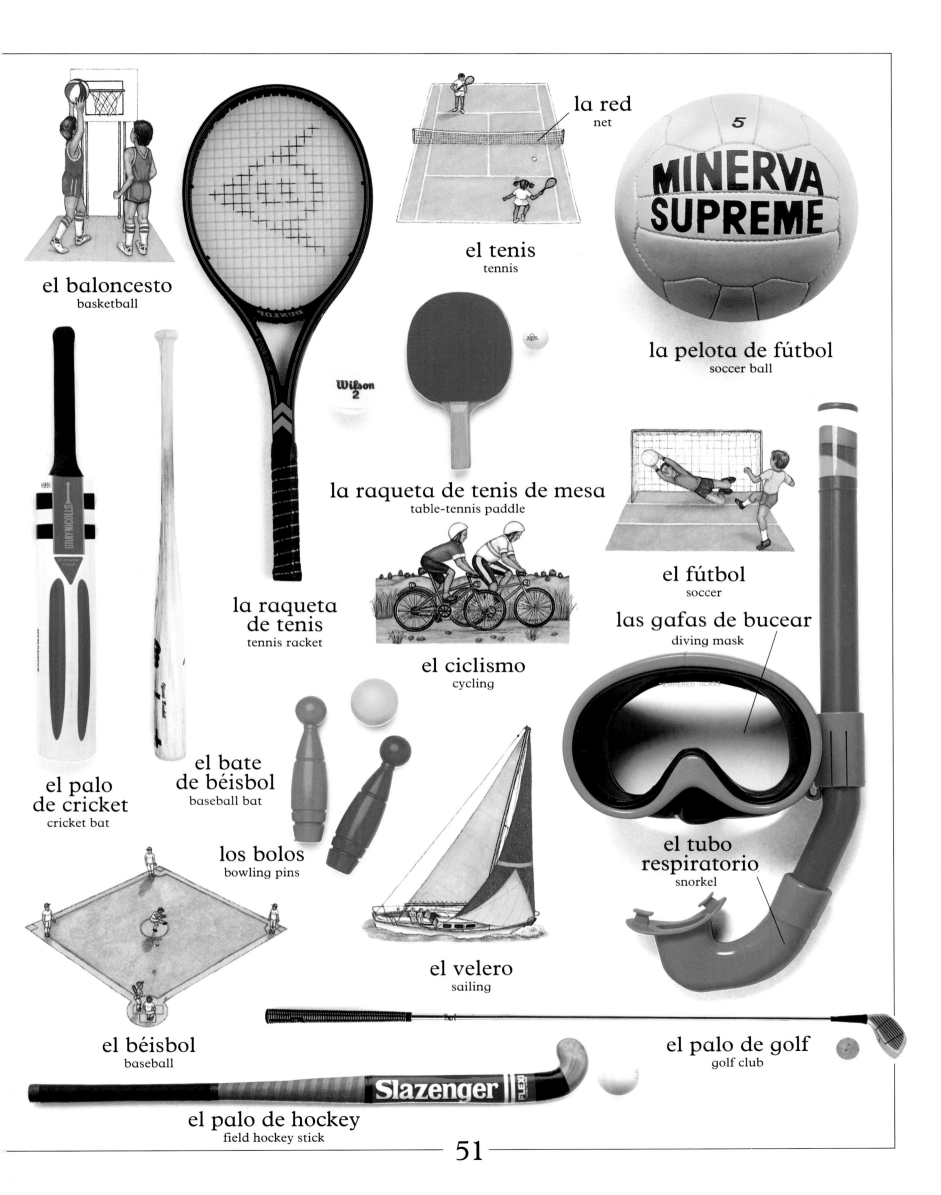

el baloncesto
basketball

la red
net

el tenis
tennis

la pelota de fútbol
soccer ball

la raqueta
de tenis
tennis racket

la raqueta de tenis de mesa
table-tennis paddle

el ciclismo
cycling

el fútbol
soccer

las gafas de bucear
diving mask

el palo
de cricket
cricket bat

el bate
de béisbol
baseball bat

los bolos
bowling pins

el tubo
respiratorio
snorkel

el velero
sailing

el béisbol
baseball

el palo de golf
golf club

el palo de hockey
field hockey stick

51

# Palabras de acción

Action words

comer
eating

leer
reading

contar
counting

beber
drinking

recoger
picking up

abrazar
hugging

llorar
crying

barrer
sweeping

empujar
pushing

dar
giving

tomar
taking

tirar
pulling

mirarse
looking

**susurrar**
whispering

**gritar**
shouting

**escuchar**
listening

**hablar**
talking

**señalar**
pointing

**levantarse**
standing

**sentarse**
sitting

**reír**
laughing

**sonreír**
smiling

**besarse**
kissing

**correr**
running

**caminar**
walking

**llevar**
carrying

**dormir**
sleeping

**recostarse**
lying down

**gatear**
crawling

# Palabras de recreo Playtime words

**saltar a la cuerda**
skipping

**patear**
kicking

**golpear**
hitting

**jugar**
playing

**subirse**
climbing

**construir**
building

**bailar**
dancing

**perseguir**
chasing

**brincar**
hopping

**caerse**
falling over

**saltar**
jumping

**soplar**
blowing

**tirar**
throwing

**atrapar**
catching

**esconderse**
hiding

**pedalear**
riding

54

# Palabras de cuentos

Storybook words

**el dragón**
dragon

**la armadura**
armor

**el caballero**
knight

**el reno**
reindeer

**el trineo**
sleigh

**Papá Noel**
Santa Claus

**el jefe indio**
Indian chief

**el pirata**
pirate

**la corona**
crown

**el manto real**
cloak

**el dinosaurio**
dinosaur

**el vaquero**
cowboy

**el hada**
fairy

**el monstruo**
monster

**el rey**
king

**la reina**
queen

**la espada**
sword

**la varita mágica**
magic wand

**el castillo**
castle

**la bruja**
witch

**el príncipe**
prince

**la princesa**
princess

**el mago**
wizard

**las habichuelas mágicas**
beanstalk

**el gigante**
giant

**la escoba**
broomstick

**la calabaza**
pumpkin

# Colores, formas y números

## Colores
Colors

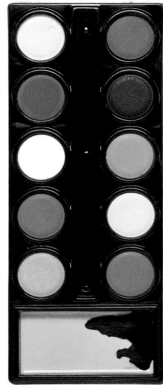

**rojo**
red

**azul**
blue

**verde**
green

**amarillo**
yellow

**naranja**
orange

**violeta**
purple

**marrón**
brown

**blanco**
white

**negro**
black

**gris**
gray

**rosa**
pink

## Formas
Shapes

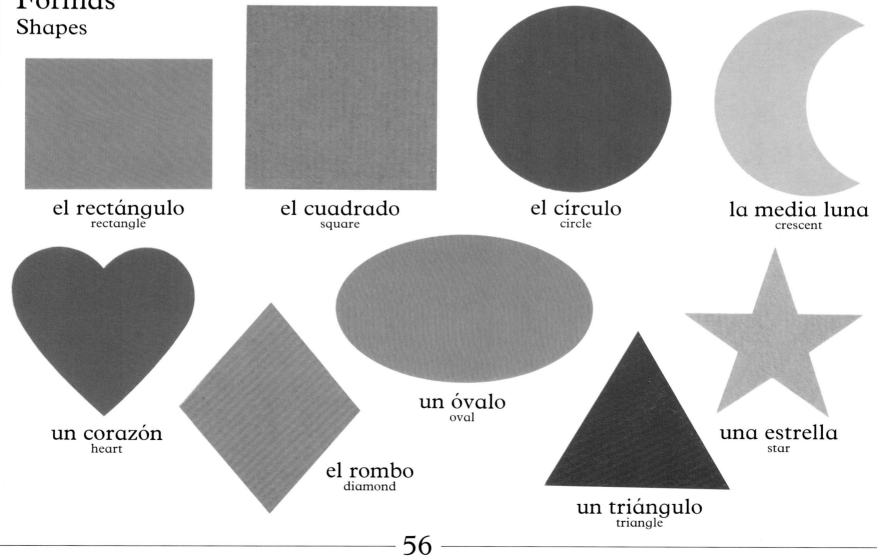

**el rectángulo**
rectangle

**el cuadrado**
square

**el círculo**
circle

**la media luna**
crescent

**un corazón**
heart

**el rombo**
diamond

**un óvalo**
oval

**un triángulo**
triangle

**una estrella**
star

# Números
## Numbers

| uno | dos | tres | cuatro | cinco | seis | siete |
|-----|-----|------|--------|-------|------|-------|
| one | two | three | four | five | six | seven |

| ocho | nueve | diez | once | doce |
|------|-------|------|------|------|
| eight | nine | ten | eleven | twelve |

| trece | catorce | quince | dieciséis |
|-------|---------|--------|-----------|
| thirteen | fourteen | fifteen | sixteen |

| diecisiete | dieciocho | diecinueve | veinte |
|------------|-----------|------------|--------|
| seventeen | eighteen | nineteen | twenty |

57

# Palabras de posición
Position words

dentro
in

entre
between

arriba
above

debajo
below

encima
on top

cerca
near

lejos
far

al lado
next to

detrás
behind

delante
in front

arriba
up

abajo
down

parte de arriba
top

base
bottom

subo
on

bajo
off

encima
over

debajo
under

el primero
first

el segundo
second

el tercero
third

el cuarto
fourth

59

# Opuestos
Opposites

**suave**
smooth

**áspero**
rough

**fino**
thin

**grueso**
fat

**rápido**
fast

**triste**
sad

**contento**
happy

**blando**
soft

**duro**
hard

**lento**
slow

**despierto**
awake

**lleno**
full

**vacío**
empty

**mojado**
wet

**seco**
dry

**dormido**
asleep

**izquierda**
left

**grande**
big

**pequeño**
little

**abierto**
open

**cerrado**
shut

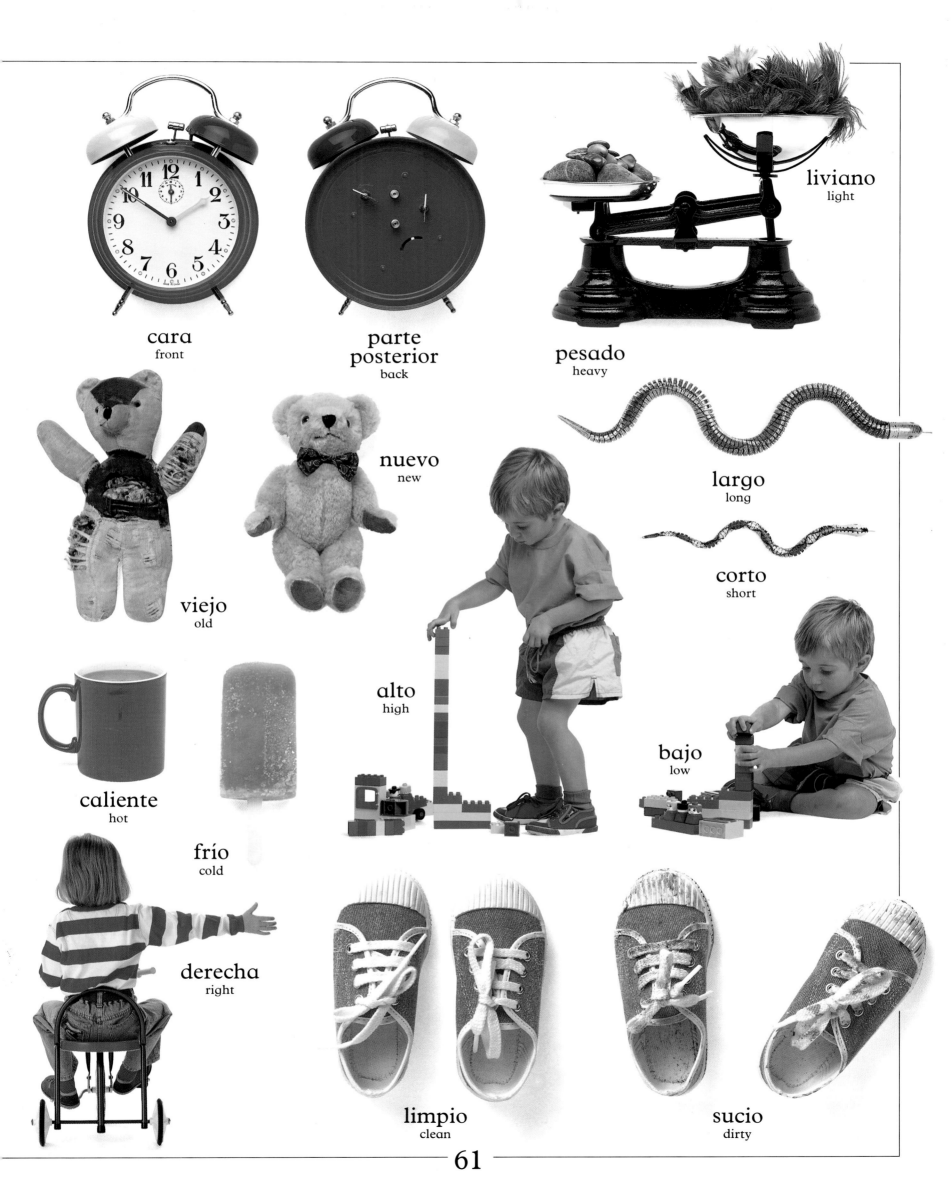

cara
front

parte
posterior
back

liviano
light

pesado
heavy

viejo
old

nuevo
new

largo
long

corto
short

caliente
hot

alto
high

bajo
low

frío
cold

derecha
right

limpio
clean

sucio
dirty

# English index

# Index en español

63

Additional Design
David Gillingwater and
Mandy Earey
Additional Photography
Jo Foord, Steve Gorton,
Paul Bricknell, Philip Dowell,
Michael Dunning, Stephen
Oliver, Steve Shott, and
Jerry Young
Dorling Kindersley would
like to thank Helen Drew
and Brian Griver for their
help in producing this book.